ルーキー・スマート

ROOKIE SMARTS
Why Learning Beats Knowing in the New Game of Work
by Liz Wiseman

Published by arrangement with HarperBusiness,
an imprint of HarperCollins Publishers through Japan UNI Agency, Inc., Tokyo

私たちはけっして探検をやめない。
そして、探検の旅がすべて終わり、
出発した場所に帰ったとき、
私たちはその場所をはじめて知ることができる。

——T・S・エリオット

ルーキー・スマート　目次

序章　いつまでもエネルギッシュでいるために！　本書の意義と効用 ―― 010

衝撃のデビューから学んだこと　010
この本は、あなたになにをもたらすか　014
大がかりな調査をしてみたら……　016
まず、３つの変化を自覚しよう　018
新しいモットーを！　022

I　ルーキー・スマートを手に入れる

第1章　ルーキーをあなどるな！　まずは総論から ―― 026

マジック・ジョンソンの場合 026
豊富な経験の意外な弱点 030
そこに「学ぶ姿勢」はあるか？ 033
調査でわかったルーキーの実像 036
ルーキー・スマートの4つのモード 040
ルーキーが得意とする場、そして環境とは 050
「永遠のルーキー」をめざす 055
若々しい思考の泉をこの手に！ 059
▼第1章のまとめ 062

第2章 バックパッカーになろう！ 自由な思考で動く

第2章 バックパッカーになろう！ 自由な思考で動く――063
「管理人」から「バックパッカー」へ変わるために 066
バックパッカーの3つの特徴 073
バックパッカーになるための具体策 090
見知らぬ地へ旅に出よう！ 094
▼第2章のまとめ 096

第3章 狩猟採集民になろう！ 専門知識を集める 097

「現地旅行ガイド」から「狩猟採集民」へ変わるために 101

狩猟採集民の3つの特徴 112

狩猟採集民になるための具体策 122

求めれば、与えられる！ 126

▼第3章のまとめ 129

第4章 ファイアウォーカーになろう！ 慎重に、しかし素早く行動する 130

「マラソンランナー」から「ファイアウォーカー」へ変わるために 132

ファイアウォーカーの3つの特徴 139

ファイアウォーカーになるための具体策 154

炎はくぐり抜けられる！ 155

▼第4章のまとめ 158

第5章 開拓者になろう！ 力強く前に進む 159

「定住者」から「開拓者」へ変わるために 162
開拓者の3つの特徴 167
開拓者になるための具体策 174
開拓した人だけが得られるものがある！ 176
▼第5章のまとめ 178

II ルーキー・スマートのはぐくみ方

第6章 そして、永遠のルーキーに！ 180

5人の永遠のリーダーの共通点 184
永遠のルーキーになるための具体策 198
ビジネスに子どもの視点を！ 201
▼第6章のまとめ 206

第7章 あの頃に戻れる！ 207

やる気が出ない本当の理由と、そこからの脱却法 208
優秀な人がしている3つのこと 214
若々しさを維持する習慣 230
ポールに続こう！ 233
▼第7章のまとめ 236

Ⅲ 人に続いて組織も変わる

第8章 組織も若返らせよう！ 238

ルーキーを活かすリーダーのやり方 244
最も効果的なルーキーとベテランの組み合わせ 250
チームや組織にルーキーらしさを取り戻す方法 255

政策にもルーキー・スマートを注入する　268
過去を置き去りにしよう！　275
▼第8章のまとめ　280

付録　頭を整理し、理解を深めるために

付録A　調査の方法について　282
付録B　よくある質問　288
付録C　学習の実験　299
付録D　本書に登場した永遠のルーキーたち　305
付録E　グループ討論を活性化させるための手引き　309

本書の
意義と効用

序章 いつまでもエネルギッシュでいるために！

新しいことにはじめて取り組むときに、なぜか最もうまくいく場合が多いのはどうしてなのか？

「知らない」状態が「知っている」状態より価値があるのは、どういうときなのか？

どちらも、私がずっといだいてきた疑問だった。

【衝撃のデビューから学んだこと】

最初に、私の体験を聞いてほしい。ビジネススクールを修了して1年後、ソフトウェア企業のオラクルに勤めていた私は、24歳の若さでマネジャーになった。有能だったからではない。当時のオラクルは、まだ歴史の浅い、いわば業界の異端児で、売り上げを毎年倍増させていた。その急成長という状況が、私を全社規模の研修責任者にしたのだ。

　オラクルの企業内大学をつくれ――それが指令だった。企業内大学のつくり方なんて知るはずもない。あまりに荷が重かったが、いきなり昇進を辞退するのは賢明でないように思えた。だから、私は仕事に取りかかった。

　上司からの具体的な指示も、立派なビジョンもなかった。企業内大学のつくり方など皆目見当がつかなかった。わかっていたのは、社運を左右する仕事だということだけだ。販売員や現場の相談員が新製品のすべてを理解していなければ、若い会社は壊滅的な打撃を受けるだろう。是が非でも成功させなくてはならなかった。

　このチームに配属されたのは、大学を卒業してほどないスタッフばかり。企業内教育に関しては、全員がずぶの素人だった。それでも、成果を上げたいという強い思いはみんながもっていた。切羽詰まった私たちは、製品開発の責任者や現場の上級幹部たちに会っては、いつ、だれに、なにを教えるべきかについての情報を収集していった。

　打ち出すプランはシンプルなものにした。予算も人員も時間的猶予も乏しかったからだ。大学の講師の一部は、社内の専門家に頼んだ。施設も、すでにあるものを活用した。その頃の企業内大学は、専用施設を新しく設けるのがふつうだったが、私たちにはそのための費用も時間もなかった。

　ただし、独立した専用施設がないぶん、企業内大学としてのより強力なアイデンティティが必要になる。そこで、独自の紋章とラテン語の標語をつくることにした。

私はラテン語をまったく知らなかったが、地元のスタンフォード大学に電話し、ラテン語の教授につないでもらった。そして、すぐに電話に出た教授に事情を説明し、私たちの考えた標語をラテン語に訳してほしいと頼んだ。その標語とは、「知は力なり」だった。

教授は、私の素人臭いけれど真剣な要望に、喜びはしないまでも、おもしろがってはいたと思う。「サペレ・エスト・ヴァレーレ（Sapere Est Valere）」という訳を教えてくれた。私はお礼を言って電話を切ると、さっそくオラクル御用達のTシャツ業者に電話し、この言葉を記した紋章入りのTシャツを数百枚注文した。

こうして、オラクル大学が正式に誕生した。

この大学を世界の１００以上の国に拡大したい、そう上層部が言いはじめたのは、それから1年もたたない頃だった。当時の私は、国際業務はおろかアメリカを出た経験すらなかったが、上司たちはおかまいなしだった。実はパスポートをもっていないのだと言うと、すぐに取得してヨーロッパを視察してこいと指示された。

今度も、私たちはぎこちないながらも素早く前進しつづけた。すべて順調だと思っていた――ある日、直属の上司である人事部長から呼び出されるまでは。

部長は私を着席させ、言い渡した。会社の急速な成長に対応するために、この大学にも経験豊富なマネジャーを招くことにした、と。明日、候補者を会社に呼び、上級幹部数人が面談するという。私は打ちのめされたが、そうするほうが賢明だということは理解できた。

そして翌日、ジェイという男性がやってきた。いかにもベテランの企業内研修専門家といった人物だった。ジェイは私と挨拶をし、面談に臨んだ。その間、私は身の振り方を考えていた。オラクルを去るべきか？　それとも会社にとどまり、ジェイから学ぶべきなのか？

だが、うじうじ考えたのは時間の無駄だった。次の日、部長が私の部屋にやってきて、きっぱりと、しかしバツが悪そうに言った。「ジェイは雇わない。ほかのだれかを雇うこともしないと決めた。きみに引き続き責任者を務めてほしい」

なんですって？　戸惑う私に対して、部長は威厳と品位をもって陳謝の言葉を述べた。その立派な態度には、いまも敬意をいだいている。「私の考えが間違っていた。上層部は、私がほかの人物を招こうとしていることに驚いていた。幹部たちは、きみとチームの面々が素晴らしい仕事をしていると言い切り、新しいマネジャーなど雇うべきではないと断固主張したんだよ」

上層部に合格と思ってもらえたのは心強かった。だが、腑に落ちない面もあった。どうしてこんなに重要な役職を、私みたいなルーキーに任せたのか？

いろいろ考えるうちに、ようやく理由が見えてきた。第一に、私はまだ新人で特定の思惑をもっていなかったため、製品開発の専門家や上級幹部たちの助言を熱心に求めた。第二に、経験が不足していたため慎重にふるまい、利害関係者に寄り添い、進捗状況をこまめに報告して意見を聞いた。

斬新なアイデアをもっていたわけではなかった。それどころか、いっさいアイデアをもっていなかったが、それこそが私の長所だったのである。経験と自信を欠くチームメンバーと私は、ひたすら学習し、独創的に考え、自分たちの実力を証明するために素早く結果を出そうと努めることで、経験不足と自信不足を埋め合わせていた。

このときの経験は、本当に怖かったし、予想外のことの連続だったけれど、高揚感を味わえ、非常に有意義でもあった。この経験が、その後15年にわたってオラクル大学の責任者を務めた私の基本的な考え方を形づくったと言ってもいい。

ところが、やがて困った現実に思い当たった。無知の急坂を上り切った私は、いつしか役職にふさわしい資質が身につき、気がつくと目の前に平坦な台地が開けていた。過去の成功に頼り、同じ行動パターンを繰り返すようになっていたのだ。率直に言って、私の仕事は精彩を欠きはじめていた。

昔の高揚感を取り戻さなくてはならない。そう思った私は、ついにオラクルを去る決意をした。そして、キャリアの揺りかごを離れ、まだやり方を知らないものを探す旅に出た。

期待どおりだった。未開の地に乗り出すと、再び輝きのある仕事ができるようになった。

【この本は、あなたになにをもたらすか】

本書の基本的な前提はシンプルだ。それは、「だれでも永遠にルーキーでありつづけられる」である。

ときには、「知らない」ことは「知っている」ことより価値がある。経験のないルーキーは、ある種の才能の火花を散らし、新たにものごとを学ぶ人間に特有の強みを発揮する。あなたも組織も、その思考パターンとスキルを更新すれば、これまで苦労して蓄えてきた知恵と経験に加え、ルーキーらしい無邪気な輝きと活力を手にすることができる。そして、最高のパフォーマンスを発揮し、たゆまず成長しつづけるキャリアを築くことができる。

キャリアの中盤に差しかかり、その階段を上りつづけることに疲弊していたり、新しいことを学ばない日々に退屈していたりする人にとって、本書はみずからを刷新し、再生するきっかけになるだろう。また、若い世代や新しい企業によって自分のキャリアに終止符を打たれたり、会社が滅ぼされたりしかねないと恐れる人には、競争力の源泉を得られるだろう。この道の先には、あなた自身と会社を刷新・再生するチャンスが待っている。

めまぐるしく変化し、加速するビジネスについていけなくなっても、脱落する必要はない。自分もスピードアップすればいいのだ。フェイスブックのコンテンツ戦略チームを率いるジョナサン・コールマンは、就任時のブログでこう書いた。「私にはエネルギーがみなぎっている。人生がスピードをゆるめないのなら、自分がスピードアップするまでのことだ」。本書では、それを可能にする方法を紹介している。

働き手の活力と競争力を維持したいリーダーにも、この本は役立つはずだ。企業で人材マネジメントや社員の学習、コーチングを担当する人は、どうすれば人々にやる気や活力をもたせられるかがわかるだろう。

企業も、成熟するとおうおうにして成功の罠にはまり、ルーキーの頃の輝きを失う。成功をもたらした2本の柱、すなわち無邪気さと大胆さがなくなるからだ。昨今では、いまとびきりホットな新興企業でも、1年半〜2年で熱が冷め切ってしまうことも珍しくない。2011年末、ソーシャルゲーム大手のジンガは、株式新規公開を果たして順風満帆だったが、2013年春には、消えかかっている成功の炎を必死で煽《あお》る状態になっていた。もちろん、大企業も新興企業以上にルーキーならではの強みを注入する必要がある。それは競争力を維持するための絶対条件だ。

【大がかりな調査をしてみたら……】

私はオラクルを離れたあと、企業幹部、あるいはリーダーたちに、コーチングやリーダーシップを指導するようになったが、そこでもルーキーの威力を何度も目の当たりにすることになった。

ここで言うルーキーに、年齢は関係ない。それは、身の丈以上の仕事に挑む若い人だったり、専門外の新しい課題に取り組む企業幹部だったりする。ある企業幹部は、新しい仕事に就いた最初の1カ月をこう振り返った。「未知のことに取り組むのは新鮮でとても楽しい。脳のスイッチをオンにして、自分の頭をフルに使って考えなくてはならないからね。思えば、前の仕事にはもう刺激を感じなくなっていた。手ごわい仕事は大歓迎だよ」

これとは対照的に、本来は聡明でやる気もあるのに、長年同じ仕事を続けているうちに漫然と日々をおくるようになった人もよく目にする。ベテランは、同じ場面を何度も経験しているうちに、惰性で仕事をするようになる。シャンプーを取り、泡立て、シャワーで洗い流す毎日の洗髪のように、年に一度の顧客満足度調査の時期になると、ほぼ無意識に前年の企画書を引っ張り出し、固有名詞や日付を修正しただけのプログラムを提案したりするのだ。

また、ベテランのなかには、自分が賞味期限切れで、鮮度を失っていると自覚している人もいる。緊張感がない日々を過ごしていると感じたり、苦労して身につけた知識やスキルが古びてしまうのを恐れている人たちだ。見ていて痛々しいが、当人はもっと苦しいに違いない。

経験がお荷物になるのは、どういうときなのか？　新人のときに最高の成果を上げることが少なくないのは、なぜなのか？　この10年、さまざまな組織や個人と仕事をするなかで、私のこの疑問はどんどん膨らんでいった。答えを求めて文献を読み漁ったりもしたが、ついに、調査チームを組織して、経験の乏しい人と経験豊富な人の仕事に対する姿勢の違いを調べることにした。

結局、2年間で100人以上のマネジャーにインタビューやアンケート調査をし、両方のタイプの部下がどう違うかを答えてもらった。そのあと、200人を超す働き手を対象に、ルーキーとベテランの仕事へのアプローチを調査した。さらに、高い成果を上げているルーキー数十人に、深く突っ込んだインタビューもおこなった。これらの調査から見えてきた事実には、驚かされることが多かった。本書の主張は、この大がかりにして画期的な調査の結果がベースになっている。

【まず、3つの変化を自覚しよう】

ベテランが精彩を欠くことが多いのは、環境が変化したせいでもある。仕事の世界は、いま高い地位にいる人たちが新人だった頃とは比較にならないくらい複雑になっている。3つの根本的な変化――大量化、迅速化、短期化が起き、どの変化にも、新しい働き方と新しい知性を必要とされるようになった。

▼大量化――増えつづける情報

インターネットとつながった世界に生きている人はみな実感しているように、私たちは日々、膨大な量のデータを浴びせられている。

- 世界に存在する情報の総量は、ほぼ1年半に2倍のペースで増えている。
- 新しい生物学的なデータが2倍に増えるまでに要する期間は、約9カ月にすぎない。
- 医療分野の知識が増加するペースは、2〜3年に2倍の速度に達している。
- 今日、動画投稿サイトのユーチューブに2カ月の間に投稿される動画の数は、アメリカのテレビの3大ネットワークが過去60年間に制作した番組の総数を上回る。

今後も世界に出回る情報が増えつづけることは間違いない。しかも、その増加ペースはさらに加速するだろう。問題は、この状況にどう対処するかだ。言い換えれば、どうすれば膨大なデータから知識と洞察を、さらには知恵を引き出せるかである。

「知識経済」に加わる人も、世界中で増えつづけている。2000年の時点で、情報関連の仕事に携わる人は全労働者の過半数を占めるようになった（その割合は、1950年は37％、2000年は59％）。こうした変化は、職種を問わず、ほぼすべての働き手に影響を及ぼしつつある。こうなると、答えを知っておくことよりも、むしろ適切な問いを発することのほうが重要になってくる。

▼迅速化――仕事のサイクルの加速

自動化される仕事が増え、生産性を向上させるツールが普及すればするほど、私たちは仕事を短時間で終わらせ、同じ時間で処理する仕事の量を増やせる。いまや、財務報告書は四半期ごとではなく毎月作成できるようになった。それどころか、毎日更新することもできるし、パソコンのモニターにつねにリアルタイムで表示することもできる。だが、通信技術の進歩によって、私たちは1日24時間、週7日、仕事から解放されることがなくなった。

また、商品やサービスの質を落とさずに無駄を最小限まで減らす「リーン」精神も、仕事のサイクルの短期化に拍車をかけている。リーン生産方式では、すぐに使わない原材料を工場に置くことは許されないが、それと同じことが、知的な「原材料」にも起きている。最近は、昔では考えられなかったくらい速いペースで、新しい仕事が登場している。仕事のサイクルも速まり、だれもが日々、海図のない海に乗り出すようになった。この時代に大きな成功を収めたいなら、学習のサイクルも加速させなければならない。

▼短期化――知識の使い捨て

真理は不朽でも、知識は短命化が進んでいる。新しい発見のペースは速まる一方だ。知識が時代遅れになる割合は、1970年代にはすべての産業で推計年10％あまりだったが、2005年の研究では年15％に上昇している。別の研究によれば、テクノロジー産業ではこの割合が年30％に達しているという。

あらゆる産業にテクノロジーが浸透するにつれて、知識が古くなるペースは分野を問わずさらに加速していくだろう。昔は、ひとつのソフトウェアの使い方を学ぶ研修に1週間を費やしていたが、いまは、クラウドを通じて毎週のようにソフトウェアの機能が更新される。絶えずスキルを更新しなくてはならないのだ。

科学的情報の量が9カ月に2倍のペースで増え、1年間に30％のペースで時代遅れになるとすれば、私たちがもっている専門知識にはどれくらいの耐用年数があるのだろう？　計算すると、つねに知識を更新しつづけないかぎり、5年先には有用な知識が15％しか残っていない恐れがある。つまり、ほぼすべてのことをネット検索で調べられる時代には、既存の知識を保持するより、新しい知識を獲得するほうが重要なのだ。

減っているのは情報の耐用年数だけではない。企業が蓄える知識の量も減っている。ここ数十年で、大企業から自営やフリーランスへの人材の移動が進んだ。ダニエル・ピンクの著書『フリーエージェント社会の到来』（ダイヤモンド社）によれば、アメリカだけで2500万人がフリーエージェントとして働いている。また、インク誌の最近の調査によると、中小企業の20％は、フルタイムの従業員を雇うより、個人事業主に仕事を発注したいと考えている。

いま、多くの企業は、クラウドソーシングを活用しはじめている。オンライン上で不特定多数の寄与を募るこの流動的な人材確保システムでは、フラッシュモブさながらに、プロジェクトチームのメンバーは、呼びかけに応じて集まり、学び、貢献し、仕事が終われば解散する。

だが、これを機能させるためには、高度な協働と学習が不可欠だ。メンバーは、状況や問題、プレーヤー、選択肢を素早く理解しなくてはならない。求められるのは、長期的な関係の恩恵に頼ることなしに、専門知識の持ち主が迅速に集結することだ。仕事が終わってチームが解散すると、メンバーは次なる高速の学習と貢献のサイクルに移る。

これからの時代に欠かせないのは、頭のなかに知識を蓄えておくことではなく、ほかの人たちの知識を利用できることだ。卓越したリーダーや抜きん出て速いペースでものごとを学べる人たちは、みんなの知識をうまく活用する方法を知っている。ビジネス戦略の専門家であるジェニファー・サートルの言葉を借りれば、「知識経済では、水源であることより、水路であることのほうが重要」なのだ。

このような変化に疲弊して、過去を懐かしむ人もなかにはいるだろう。新しいことを学ばず、取り残されてしまう人もいるだろう。あるいは、有用な知識をもっているふりをする人もいるかもしれない。しかし、物理学者のスティーブン・ホーキングは言っている。「知識に対する最大の敵は、無知ではない。知っているという幻想だ」

【新しいモットーを!】

私はいまも、最初につくったオラクル大学のTシャツをもっている。だが、そこに書かれたラテン語のモットー「知は力なり」は、いまとなっては古い。単にものごとを「知っている」だけではもう十分でない。圧倒的大多数の人には、新しい時代にふさわしい、新しいモットーが必要だ。

先日、私はいつかのようにスタンフォード大学に電話してみた。今回はグレッグ・ハッケ神父が相談に乗ってくれた。ノートルダム大学で学んだ聖十字教会の神父だ。神父がじっくり考えてラテン語に訳してくれたモットーは、「クアエレレ・エルディチオネム(Quaerere Eruditionem)」だった。その意味は、「学びを求めよ」である。

QUAERERE ERUDITIONEM

SEEK LEARNING

I

ルーキー・スマートを手に入れる

第1章　ルーキーをあなどるな！

まずは総論から

ノアの箱舟をつくったのはアマチュア、タイタニック号をつくったのはプロだ。
——リチャード・ニーダム（カナダのコラムニスト）

『NBAエンサイクロペディア』によれば、1970年代のプロバスケットボール（NBA）は、「横並びの10年」だった。プレーヤーたちがいまと比べてずいぶん丈の短いショートパンツをはいていたこの時代、特定のチームが王者として君臨することはなく、すべてのチームに勝機があった。

【マジック・ジョンソンの場合】

1979年、ロサンゼルス・レイカーズは強豪と目されていたが、タイトルからは8年も遠ざかっていた。当時のチームの中心は、類い稀な才能に恵まれた身長218センチのセンタープレーヤー、カリーム・アブドゥル・ジャバー。史上最高のバスケットボール選手との呼び声も高かったが、いまだにファイナル（王座決定戦）でチームを勝利に導けずにいた。

そうした状況で、レイカーズはこの年、ドラフトで最初に新人指名をする権利を得た。指名されたのは、アーヴィン・「マジック」・ジョンソン・ジュニアだ。ミシガン州出身、身長206センチのポイントガードだった。ミシガン州立大学で2年間プレーし、中退してNBA入りした。大学時代の成績は、1試合平均で17・1得点、7・6リバウンド、7・9アシスト。つねにチームの力を高めることから、「マジック」の異名をとっていた。

人生を「楽しい旅」と考えていたマジックは、レイカーズの一員としてアブドゥル・ジャバーから学べることに気持ちが高ぶらずにいられなかった。チームメートからは「ヤングバック（若造）」と呼ばれた。子どものように無邪気に興奮をあらわにするところがあったからだ。たとえば、シーズン最初の試合で、終了間際にアブドゥル・ジャバーがスカイフックシュートで勝利を決めると、マジックは思わず抱きついて喜びを表現した。ジャバーはこう言ったという。「落ち着けよ、坊や。あと81試合もあるんだぜ」

マジックのルーキーイヤーである1980年、レイカーズはシーズン序盤にアクシデントに見舞われた。ヘッドコーチが自転車事故で頭部に大けがを負い、アシスタントコーチが指揮を執ることになったのだ（このポール・ウェストヘッドという人物は、NBAのヘッドコーチよりシェークスピア研究者としての実績のほうが豊富だった）。にもかかわらず、レイカーズはファイナル進出を果たし、フィラデルフィア・セブンティシクサーズとの対戦が決まった。

シクサーズはジュリアス・アーヴィングを中心とするベテラン選手をそろえていたが、5試合を終えてリードしていたのは3勝2敗でレイカーズだった。アブドゥル・ジャバー率いるチームは目覚ましい活躍を見せた。

ところが、第5戦でそのジャバーが足首を負傷し、敵地での第6戦に出場できなくなってしまった。評論家たちの見立てでは、この試合でのレイカーズの負けは確実だった。彼らは口々に、第6戦は控え選手で戦い、地元ロサンゼルスに戻って戦う第7戦に主力選手を温存すべきだと助言した。しかしウェストヘッドは、ポイントガードのマジックをセンターで起用して第6戦に臨むことにした。

その決定を告げられたマジックは、チームメートに請け合った。単にセンターの役割を果たすだけでなく、アブドゥル・ジャバーに成り代わる、と。もちろん、仲間たちはだれも真に受けなかった。素晴らしい選手にはちがいないが、プレーが安定せず、なによりまだルーキーだったからだ。

フィラデルフィアに向かう飛行機に乗り込んだとき、レイカーズの選手たちは静まり返っていた。最前列の「1A」の席がぽっかり空いていることは、いやでも目に入った。これまでアブドゥル・ジャバーが不在のとき、この「指定席」に座る勇気のある選手はいなかった。

だが、この日は違った。マジックがそこに座ったのだ。『NBAエンサイクロペディア』には、こう記されている。「マジックは、アブドゥル・ジャバー専用の座席にどっかり腰を下ろした。そして、いつもアブドゥル・ジャバーがしているように、大きく背伸びし、そのあと頭から毛布をかぶった。それが済むと、うしろの席のコーチを見てウインクをし、『心配はいらない』とチームメートたちに言った」。彼は本気で、自分がチームを引っ張るつもりでいたのだ。

ほどなく、「レイカーズはマジックをセンターで起用する奇策で臨むらしい」という噂が流れはじめた。試合前、ある記者が本人に尋ねた。どうやってセンターでプレーし、シクサーズのアーヴィングを封じるのか？　マジックは答えた。「どのポジションでもベストを尽くすだけだよ。（シーズンを通して）多くのことを学んできたけど、試練に挑むのは楽しい。今夜は、自分になにができるかを試すという試練が待っているんだ」

スポーツ専門テレビ局ESPNのリック・ワインバーガーは、その日マジックがセンターのポジションについたときのことを語っている。「シクサーズのセンターが、マジックに向かって言い放った。『冗談だろ？』」

試合開始のジャンプボールのとき、マジックはセンターサークルでどちらの足を前に出して構えるべきか戸惑ったが、それでもどうにかニヤリと笑って見せた。そして、ジャンプボールこそキープできなかったものの、次第に試合をコントロールし、アブドゥル・ジャバーの小型版のようなプレーぶりを見せはじめた。結局、センター、フォワード、ガードで縦横無尽にプレーし、42得点、15リバウンド、7アシスト、3スティールを記録した。とくに、試合終了前の残り2分22秒では9得点を上げた。

123対107。勝ったのはレイカーズだった。この第6戦の勝利でレイカーズは優勝を決め、マジック自身はファイナルのMVPに選ばれた。1980年5月16日のこのパフォーマンスを、NBAのルーキー史上最高のものだと評価する人も多い。ルーキーの放った輝きが、実力で勝るチームを倒した瞬間だった。

豊富な経験の意外な弱点

ルーキーは、一般に思われている以上に高い能力をもっている。それは、仕事でも同じだ。私たちの調査によれば、ルーキーが会社のMVPになることも少なくない。

経験の乏しい人がもつ可能性の大きさを理解するためには、まず、豊富な経験が魅力的に思える理由を知るといい。

熟練の職人の安定した手さばき、齢を重ねた研究者の広く深い知識、生涯を通じて得た英知を授ける宗教家の珠玉の言葉――それが経験の価値だ。私たちは、大騒ぎの教室に入り、子どもたちを一瞥《いちべつ》するだけで静かにさせられるベテラン教師を称賛する。高い専門性をもつ技術者や有能なスタッフを率いて会社を導くベテラン経営者を崇める。なぜか？　それは、この人たちなら、安全性、安定性、堅実性をもたらすだろうと期待するからだ。

その期待は、単なる希望的観測ではない。実際、人は経験を積むにつれて、さまざまな手段や手法、資源のレパートリーを増やし、それを繰り返し活用できるようになる。ゼロから出発する新人営業部員に比べて、顔の広いベテラン営業幹部のほうが好成績を上げられるのは、意外でもなんでもない。

経験豊富な人ほど鋭い勘がはたらくと言われることも多い。火災現場に駆けつけたベテラン消防士は、南階段ではなく北階段から突入したほうがいいと直感的に判断する。理由はわからないけれど、そうすべきだと感じるのだ。そして、あとでその直感が正しかったとわかる。

いくつかの研究によれば、このような直感は、経験豊富な人ほど強くはたらく。ある研究によると、直感とは、脳が無意識に過去の経験と外部の手がかりを参照して判断をくだす結果だという。別の研究によると、ある分野の専門技能の持ち主は、直感に頼るとき、分析に頼るときと同じくらい大きな成果を上げられるという。要するに、ベテランは勘の土台となるデータを多くもっているので、優れた直感がはたらくのだ。

とはいえ、一般には、そのような高度な習熟レベルに到達するには長い時間を要すると考えられている。心理学者のアンダース・エリクソンの有名な研究によれば、音楽、医学、スポーツなどの専門分野に習熟するためには、ざっと1万時間の計画的な練習が必要とされる。いわゆる「1万時間の法則」だ。1万時間は、おおよそ5~10年間の実務経験に相当する。このエリクソンの研究を意識したわけではないだろうが、専門職の求人でも、応募資格として5~10年程度の実務経験を求める場合が多く、転職を目指す若者を苛立たせている。

このように、私たちの社会は長年、経験を至高のものと位置づけ、キャリアの頂点に上りつめた達成者たちがもつアイデアをありがたがってきた。人々を山頂まで導けるのは、山の上まで登り切ったマネジャーやメンター、教師だと考えてきた。

しかし、見落とされていることがある。さまざまな研究によれば、ごくふつうの素人が大きな可能性を秘めている場合もあるという。たとえば、シカゴ大学の行動科学者が、経験の乏しい人たちの意見を集約したところ、専門の生理学者がひとりで判断するより正確に癌患者の余命を判定できたケースがあった。ルーキーのグループがひとりの専門家を凌駕《りょうが》する場合もあるのだ。

留意すべきなのは、前出のエリクソンの研究が、バイオリニスト、外科医、スポーツ選手など、主として精密な肉体の動きを要求される職種を対象にしている点だ。今日のほとんどの職種では、そこまでの肉体の動きは求められていない。

現実には、ほとんどの職種で、１万時間も訓練を積まなくても十分な習熟度に到達できる。ビジネスライターのジョシュ・カウフマンによれば、仕事のスキルの大半は20時間で習得できる。多くの研究が明らかにしているように、専門家の間で能力差を生む要因のうち、訓練量の差が占める割合は30％にすぎない。

欧州連合（ＥＵ）の２００７年の大規模な職場調査でも、仕事の成果は、本人が積み重ねた経験の量より、周囲の人々のスキルや技能を活用する能力に大きく左右されるという結果が出ている。知的分野でも、肉体的・技術的分野と同じくらいの経験が必要だというのは、根拠のない思い込みなのかもしれないのだ。

働き手の経験量と仕事の成功に関係がないことは、企業も気づきはじめている。たとえば、2010年、ゼロックス・サービシズがアメリカ国内のコールセンター兼顧客サービスセンターで、スタッフの性格と認知能力のテストを実施したところ、過去の経験と現在の生産性や勤続年数の間にはなんの関連も見られなかった。それどころか、スペインのIEビジネススクールとフランスのNEOMAビジネススクールの研究によれば、アメリカの代表的な株価指数「S&P500」に入る企業では、他企業でのCEO経験をもつ人がCEOである会社の業績は、そうでない会社より悪かった。

つまり、豊富な経験をもっていることの利点は、以前考えられていたほど大きくなく、むしろ弊害が思いのほか大きいのだ。

【そこに「学ぶ姿勢」はあるか？】

シアトルの1月は、合宿研修に打ってつけの季節とは言いがたい。それでも、あるグローバル企業のセールス・マーケティング準備グループの幹部チームは、冬の山荘にこもり、ワークショップと戦略会議を開催することにした。向こう6カ月の優先事項を見直すためだ。

このグループの任務は、発売日前にスタッフ全員が新製品を隅々まで理解し、適切に販売できるようにすることだった。その重要性を反映して、何百万ドルもの予算と140人ものスタッフを与えられていた。製品の性能（製品になにができるか）ではなく、ビジネス上の役割（どのようなビジネスにどのような製品が有益か）に着目せよ――それが上層部の要求だった。

グループのゼネラルマネジャーはクリスという。型にはまらない思考ができる人物で、この重要な変革のリーダーを任されていた。幹部チームには経験豊富な研修専門家が集まっていたが、クリスはそこに新人をふたり加えた。サラとアンジェラだ。ふたりともセールスリーダーとしては経験も実績もあったが、社内研修に関してはまったくの素人だった。

山荘にこもったメンバーは、下期の重要な取り組みについて計画を練った。その一環として、一人ひとりに課題が与えられた。「チームが一丸となって、素早く、継続的な勝利を手にするためには、どのような具体的目標を掲げるべきか」。この仕事を始めて3週目に入ったばかりのサラは、「無理よ。まだ右も左もわからないのに！」と口走ったが、クリスは、それがきみの飛び抜けた強みなのかもしれないよと言った。

それぞれがひとりで検討したあと、みんなの前で順番に自分の考えを発表する時間になった。最初はベテラン勢だ。

カリーナは、クリスが示した優先事項のリストは無視させてもらったと言い、自分の考えた優先事項を披露した。なにが必要かは自分のほうがよく理解しているという自負があったからだ。

また、ウィルというメンバーが野心的な目標を提案したときには、すかさず別のベテランが異論を唱えた。「そんなこと、もう何年も目指してきたのでは？」。すると、ウィルはただちに反論した。

スケールの小さい戦術的な目標を次々と示されるより、自分が提案したような高邁《こうまい》なビジョンのほうがやる気が高まる、と。

同じくベテランのカルロスは、新しいオンラインプログラムの導入を提案した。どうやって上層部の同意を取りつけるのかという質問が出たが、そんなことは気にするなと答えた。「経験上、お偉いさんたちには首を突っ込ませないほうがいい。私はたいてい、どうでもいいことしか上層部に意見を尋ねない。なにをすべきかは私がわかっている」

残念ながら、こうしたベテランたちの意見は、ことごとく的はずれだった。

次はルーキーたちの番だった。チームに加わって最も日が浅いサラが、ドンピシャのアイデアを提案した。サラの考えた案は、クリスの優先事項どおり、とりあえず小さな勝利を得られるものだった。この点は重要だ。小さな勝利を実現できれば、社内の関心と支持を勝ち取れる。一同は素晴らしいアイデアに息をのんだ。「新人にしてはいいアイデアだ」と、だれかが言った。

続いて、もうひとりのルーキー、アンジェラが発表した。これも悪くはなかったが、いま一歩という評価だった。そこでアンジェラは、ワークショップのリーダーに助言を求めた。そして、注意深く話を聞き、メモをとり、アイデアを練り直した。すると、二度目の発表ではアンジェラも見事なアイデアを提案できた。

一方、ベテラン勢は苦戦しつづけた。高尚で野心的なアイデアを好むウィルもその一人だった。ほかのメンバーが助けてくれたが、みんなの提案が集まりはじめ、チームの興奮が高まってきたとき、唐突に会話をさえぎって言い放った。「このやり方はどうしても好きになれない。別の場所で考えたい」。その瞬間、チームのエネルギーは、それこそシュッと蒸発してしまった。クリスが言った。「どうも知識があるほど難しいみたいだね」

あなたも、似たような経験がないだろうか?

知識が豊富な人ほど、学習しなくなるケースは多い。へたに専門知識があるために、新しい可能性が目に入らなくなり、守りに入ってしまうのだ。「なにをすべきかもう知っている」と思えば、ほかの人と行動を調整したり、他人の意見に耳を傾けたりすることに消極的になる。その結果、大勢の力を借りるべきときにも、ひとりで全部やろうとしがちになる。新しい考え方に冷ややかな態度を示したり、ケチをつけたり、うまくいかない理由を並べたりして、その声をかき消そうとすることも多い。

だが、こうした態度は、その場から熱気を奪う。ひどい場合は気を滅入らせる。多くの新しい取り組みが失速する原因にもなる。活力ある新人が、たまりかねて別の組織に移っていく原因も、おそらくここにある。

【調査でわかったルーキーの実像】

経験が無駄だと言うつもりはない。私が指摘したいのは、「経験がない」という利点をもっと生かすべきではないかということだ。無知のほうが好ましいとは思わないが、知識とスキルの不足を埋めようとする「ルーキーに特有の思考と行動」には大きな価値がある。その思考と行動のパターンは、ベテランも学んだほうがいい。

私たち調査チームは、ルーキーの思考と行動を具体的に明らかにするために、400近い職場で、ルーキーとベテランが仕事の課題にどのように臨んだかを比較した（ここでは、年齢に関係なく、ルーキーとはその種の仕事をした経験がない人、ベテランとはその種の仕事をした経験がある人と定義した）。そして、両者が高い成果を上げるとき、それぞれどのようなアプローチをしているかをあぶり出していった。

その結果、次の4つが明らかになった。

①ルーキーも目覚ましい成果を上げる　幅広い業種を見ると、成績はベテランのほうが若干よかった。しかし、知識産業ではルーキーのほうが若干成績がいい。とくに、イノベーションの達成と、業務完了までの所要時間に関しては、一貫してルーキーがベテランを上回っていた。

②ルーキーの成功の仕方は、ベテランと異なる　データによると、ルーキーもベテランも、失敗にいたる道筋はだいたい似ているが、成功にいたる道筋は異なっていた。高いパフォーマンスを示すルーキーは、ほかの人の知識とスキルを上手に活用し、点と点を結びつけてものを考え、失敗から学び、少しずつ前に進むことを重んじていた。一方、高いパフォーマンスを示すベテランは、

素早く行動し、資源の分配を決め、シンプルな解決策を見つけ、一貫した行動をとり、適切な課題を選ぶことを重んじていた。ちなみに、パフォーマンスの低い人は、ルーキーかベテランかに関係なく、みずからを無敵の存在のように考え、自分の実力を証明しなくてはならない、あるいは評判を守らなくてはならないという意識が強かった。

③ルーキーの行動は、一般のイメージどおりではない　調査によれば、ルーキーはベテランに比べて他人の言葉によく耳を傾け、ほかの人によく助けを求める。また、多くのことを学ばなくてはならないという自覚があるので学習のペースが速い。それに対し、ベテランはルーキーより政治的判断に長《た》けていて、直感に頼り、過去と同じ行動をとる傾向が強い。一般に、経験の乏しいルーキーは新しいアイデアを振りかざし、リスクをともなう行動をとりたがり、ベテランは、慎重に少しずつ前に進もうとするというイメージがあるが、調査結果は正反対だった。ベテランが新しいアイデアを実践し、果断な行動をとりたがるのに対し、ルーキーは慎重に、少しずつ前進し、利害関係者の意見を頻繁に聞いてリスクを最小限にとどめようとする。ほかにも、以下のことがわかった。

- ルーキーは、右も左もわからないというイメージをもたれがちだが、自分のことはベテランよりよく知っている。
- ルーキーは、ベテランほど強力な人脈をもっていないが、ほかの人の専門知識とスキルに頼ることにはベテランより前向きだ。しかも、そういうときは驚くほど多くの人に声をかける。

●ルーキーは、ベテランより多くのことを学習しなくてはならないが、目の前の状況に適した解決策を見いだせる。
●ルーキーは、ベテランほどの政治的手腕はないが、政治的状況には深く注意を払う。

このようにルーキーは、誤った自信をいだくわけでも、捨て鉢で行動するわけでもない。経験が乏しいため、他人の言葉に耳を貸し、新しい情報に対してもオープンな態度をとる。不安をいだいてはいるが、その不安は前向きなものだ。不安を原動力に、早く一人前として評価されようと努力する。また、知識があまりないことの裏返しで、先入観や固定観念に足をとられることもない。

④経験は危険な死角を生む

経験が目隠しをつくり、ベテランの視野を狭め、マンネリに陥らせてしまうケースがしばしばあることも明らかになった。経験を重ね、思考や行動がパターン化してしまうと、脳は仕事をしなくなる（ちなみに、デューク大学の研究チームによると、私たちの日々の行動の45％は習慣的なものだ。ほぼ毎日、同じ場所で同じことが繰り返されている）。この状態になると、周囲の世界にも鈍感になる。知識は新しい状況に目を向ける妨げになり、経験は自分以外の視点を求める妨げになるのだ。

ダニエル・ピンクの著書『人を動かす、新たな3原則』（講談社）によれば、ある人の権力の大きさと、新しい見方をする度合いは反比例する。力と地位が高まるほど、ほかの人の視点を理解しようとしなくなるということだ。

学習を究めた人は、フィードバックも求めなくなりがちだ。著述家のマルコム・グラッドウェルは、飛行機は経験の乏しいパイロットが操縦しているほうが安全だと言っている。新人パイロットは、なにか不具合があれば、コンビを組む先輩パイロットにフィードバックを求めるからだ。また、経験の豊富な人は、過去の苦い経験に懲りて、新しいアイデアや取り組みを避けがちになるという。

【ルーキー・スマートの4つのモード】

現代社会には、若さに執着する文化が根づいている。だれだって若々しく見られたいし、若い気持ちでいたい。しかし、本当に活力を生むために必要なのは、なによりも思考の若々しさだ。幸い、あなたがいま何歳だろうと、そしてどんなに多くの経験をもっていようと、新人のように敏感にものを考え、日々新しく学習できる方法がある。正しい実践をすれば、だれでも、知における「若さの泉」から水を飲めるのだ。

人がはじめて経験する課題に取り組むとき、つまりルーキーのときによく示す思考・行動には、パターンがある。私たちはこれを「ルーキー・スマート」と名づけたが、調査によれば、このルーキー・スマートには4つのモードがある。①バックパッカー、②狩猟採集民、③ファイアウォーカー、④開拓者である。以下、具体的に見てみよう。

①「バックパッカー」モード　ルーキーはたいてい、重荷を背負っておらず、失うものもない。だから新しい可能性を受容し、身軽に新しい世界を探索し、一途に行動できる。既存の成功パターンにはまり込まず、新しい現実に適した新しいやり方を見つけられる。まるでバックパッカーのように。

ヴァージン・グループの創業者リチャード・ブランソンは、こう述べている。「ぼくたちがこれまで興したビジネスは何百にも上るが、ほとんどはその産業のことをほぼなにも知らなかった。でも、経験がないおかげで、新しいやり方ができない理由ではなく、できる理由に目を向けてこられた。ほかの企業にはない自由も手にしてきた。ここが、過去の教訓や業界の常識に縛られている企業との違いだろうね」

一方、ベテランはいわば管理人のように行動しがちだ。多くの経験を積み重ね、輝かしい成功も手にし、成功による恩恵を味わってきたために、現状を維持しようという意識がはたらくのだ。

②「狩猟採集民」モード　ルーキーはどう行動すべきかわからず、ノウハウもほとんどないので、周囲の状況を理解しようと努めざるをえない。必然的に、まわりで起きていることに注意を払い、

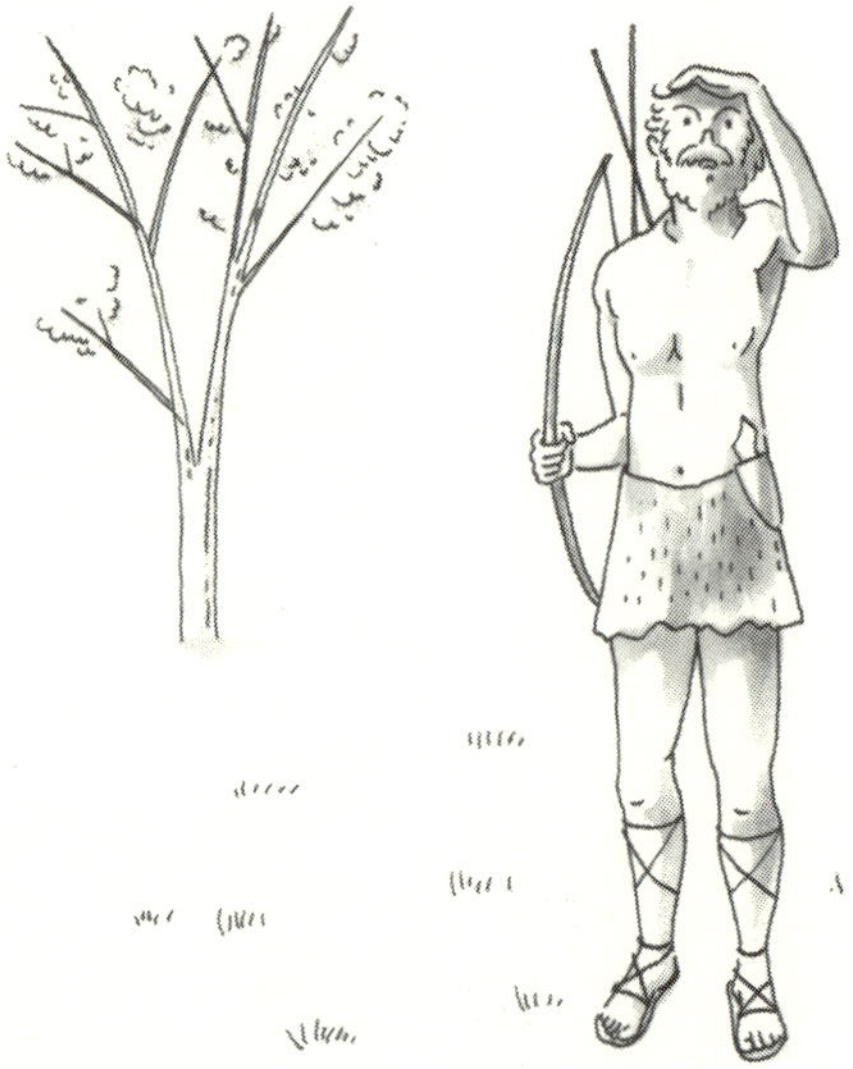

ほかの人たちにアドバイスを求め、その結果として、目の前の課題に対処するためのアイデアや資源を得る。私たちの調査によれば、ルーキーはベテランに比べて平均5倍の数の専門家に接触している。注意深く観察し、情報を探すルーキーは、いわば狩猟採集民だ。

ある大手金融サービス企業でＩＴマネジャーを務めるジェフは、狩猟採集民の典型だ。突然、納入業者のマネジメントを任されたとき、この分野の経験がまったくなく、どうすべきか皆目見当がつかなかった彼は、豊富な経験をもつ25人に話を聞いて回った。おかげで数週間後には、必要な知識を習得し、業者に適切な質問ができるようになった。

これに対しベテランは、周囲の環境をよく理解できているという自負があるので、新しい情報を得ようとしない。現地旅行ガイドのように、勝手知った場所から動かず、自分が新しいことを学ぶ代わりに、だれかにアドバイスをしたがる。

③「ファイアウォーカー」モード　ルーキーは自信がないので慎重にふるまう。と同時に、パフォーマンスを高めるために知識の不足を埋めようと素早く動く。慎重にして敏捷《びんしょう》、これもルーキー

の思考パターンだ。その姿は、火渡りの儀式をするファイアウォーカーに似ている。

ある元企業幹部のベンチャー投資家はこう振り返る。「私はいつも自分の能力を超えた仕事を与えられてきた。頼りになる経験など、もっていたためしがない。知識が足りないので、ほかの人たちの言葉に真剣に耳を傾け、教えを乞い、できるだけ早くデータを集めるほかなかった。ただし、その一方で、リーダーとしての能力を早々に実証しなくてはならないという強迫観念も強かったから、学んだことはとりあえずすぐに実行した」

一方、自信をもっているベテランは、マラソンランナーのように一定のペースを守って長距離を走ろうとする。この手の人は、いわば自動操縦モードに入りやすい。緊張感なく漫然と歩きつづけたり、重要な利害関係者に相談せずに大きな一歩を軽率に踏み出したりする。質の高い仕事ができていると思いつづけて、自分のペースを崩さず、淡々と進む。

④「開拓者」モード　地図のない土地を、それもしばしば過酷な土地を進まなくてはならないルーキーは、状況にアドリブで対処し、最低限必要なものを確保するために奮闘しつづけなくてはな

らない。また、潤沢な資源がないので、ものごとをシンプルにし、最も重要なニーズを満たすことに集中する。そうやって新しい領域を自分のものにし、あとに続く人たちのために価値を生み出すことで、世界を広げていくのだ。欠乏感と猛烈な追求、こうした人たちはまるで開拓者のように力強く前に進みつづける。

その好例がサラ・ブレークリーだ。5000ドルの元手で補正下着メーカーのスパンクス社を設立し、わずか12年で推定10億ドルもの価値をもつ企業に育て上げたプロセスには、開拓者の心理がよく見てとれる。サラは、自分で試作品をつくり、既存の直販チャンネルを避けて販売した。ブランドが確立されるまでは、スリムな体制で事業を続けた。

一方、すでに地位を確立していて多くの資源が手に入るベテランは、特定の場所に根を張り、定住者のように行動することが多い。安泰な地位があるため、快適な場から出ようとせず、既存の手順に従い、すぐ手に入るものだけでやっていこうとする。これは、快適と消費の思考パターンだ。

次ページの図は、以上の4つのモードをまとめたものである。それぞれを、ベテランの快適ゾーンにおけるモードや思考パターンと対比してある。

ルーキー・スマートのモードと思考パターン			
ルーキー・スマート		ベテランの快適ゾーン	
モード	思考パターン	モード	思考パターン
バックパッカー	無制約	管理人	守り
狩猟採集民	警戒と探索	現地旅行ガイド	アドバイス
ファイアウォーカー	慎重と敏捷	マラソンランナー	安定したペース
開拓者	欠乏感と猛烈さ	定住者	快適と消費

ここで、注意しておきたいことが2点ある。ひとつは、この4種類のモードは人をカテゴリーわけするためのものではない、ということだ。そうではなく、人の行動を描写するためのものだと思ってほしい。ひとりの人間が複数のモードや思考パターンをもつ場合もある。

たとえば、私の略歴を読んだ読者は、私のことをリーダーシップの専門家と考えるかもしれない。たしかに、企業で多くのリーダー経験を積んできたし、世界の大勢のリーダーたちを調べてもきた。リーダーシップとマネジメントについて助言を求められることも多い。自分をそのような専門家と位置づけるとき、私はすぐになんらかのアイデアやアドバイスを提供しようとする。これは、現地旅行ガイドの典型的な行動だ。

しかし、自分のことをリーダーシップの研究家とみなせば(こちらのほうが正確だ)、新しい情報にオープンな態度をとれる。ものごとを調べ、いろいろな人に話を聞き、学習し、その成果を同僚や顧客に伝えようとする。このように研究者モードに入っているときの私は、狩猟採集民として自分と他人のためにより多くの価値を生み出せる。

もうひとつ注意すべきなのは、ルーキー・スマートの有無は年齢や経験で決まるわけではない、ということだ。そうではなく、その人の精神の状態によって決まるのだ。人は、そのときどきの状況、考え方、前提により、いずれかのモードに入ったり、そこから脱したりする。たとえば、未経験の課題を前にして、知識不足とスキル不足を思い知らされれば、ルーキー・スマートのいずれか、あるいはすべてのモードに引き寄せられるだろう。だが、目の前の課題への対応能力があり、自分の実力に自信をもてるときは、そんなつもりがなくてもベテランの快適ゾーンに陥りやすい。その落とし穴に引き寄せられるのは、人間として自然なことだ。

ただし、後者に陥ったとき、経験の恩恵は重荷に変わりかねない。まるで首に石の重しをくくりつけられたように。苦労して切り開いたおなじみの道を漫然と歩んでいては、新人たちが新しい世界を探索するのを尻目に、過去という轍《わだち》にはまり込んでしまうだろう。

この落とし穴の引力を払いのけるためには、意識的な思考と行動が必要だ。どんなにベテランになっても、古くて、おそらく誤った（そして、もしかすると危険な）思い込みを捨てることはできる。ある人がある時点においてどのようなモードで考えて行動するかは、環境で決まるのではない。それは、その人の選択によって決まるのだ。

▼ナイキの「ニュー・クルー」

その日、ナイキのマーク・パーカー社長兼CEOは、50人の上級幹部を集めて戦略の再検討をおこなおうとしていた。ナイキが世界中の消費者を刺激し、魅了しつづけているのは、イノベーションを後押しする企業文化のおかげだ。そこで会議の初日は、どうすればその文化を生かし、ライバルに対して優位に立ちつづけられるかを議論することにした。

この「企業文化デー」の議論の方向性を定め、主導する役割を任されたのは、ダイバーシティ担当副社長のジーナ・ウォレンだ。ナイキで働きはじめてすでに7年。キャリアの折り返し地点を過ぎたベテラン管理職だったが、上級幹部になってからは半年しかたっていなかった。

ジーナは最初、ナイキの過去、現在、未来の企業文化について話し合おうという基本方針を決めた。だが、同僚と検討したところ、過去と現在はすぐに見えてきたのに、未来がなかなか見えてこない。未来の企業文化を描きたければ、未来の担い手である若い世代の助けを借りるべきだ――そう気づいたジーナは、さっそく、大卒後入社して間もない部下のデラノ・ハンターに声をかけた。若い世代の話が聞きたいので何人か友達を集めてほしい、と。お礼にランチをおごると約束した。

そしてランチタイム。本社の会議室に集まった面々に「お手上げなのよ」と打ち明けた彼女に、若手社員たちはさまざまな意見を聞かせてくれた。ジーナは、彼らの新鮮で独創的な発想が気に入った。幹部会議の「未来」のコーナーで議論の主導役を一緒に務めてもらえないかと持ちかけると、若者たちは喜んで応じ、議論はさらに盛り上がった。ますます感心したジーナは、結局、「企業文化デー」の議論全体の主導役を任せることにした。

けれども、不安もこみ上げてきた。この若者たちは、与えられた役割の重要性を本当に理解しているのだろうか？　そこで議論の途中で口をはさみ、目的を再確認させ、役割の重要性を念押しした。上級幹部50人を集めて1日を費やしておこなう会議に責任をもつことになるのよ、と。幹部たちの時間は貴重なので無駄にできないこと、準備期間が3週間しかないことも説明した。

すると7人の若手社員は、すぐにスマートフォンを取り出し、最初の打ち合わせの日時を相談しはじめた。ジーナも自分のスマートフォンを取り出したが、隣にいたジョーダンという若者が、腕に手をかけてこう言った。「ぼくたちだけで大丈夫ですよ。ちゃんとわかりましたから」。驚いたし、不安が完全に払拭《ふっしょく》されたわけでもなかったが、ジーナは言った。「わかったわ。でも、報告は絶やさないようにね。それから、リハーサルも忘れずに」

その言葉どおり、あとは若いチームに任せた。そして、彼らの様子を注意深く見守り、しっかり準備を進めていると上司たちに請け合った。期待が間違っていなかったことは、2週間半後のリハーサルを見てはっきりした。思わず感激の涙を流したほどだった。「胸を打たれたわ。たった3週間でこんなに素晴らしいイベントを準備できるなんて、思ってもいなかった」

翌日の本番で、7人は会議施設に集まった50人の上級幹部たちの前で自己紹介し、議論の主導役を任せてくれたことへのお礼を言うと、臆することなく説明を始めた。「今日の目的は、みなさんにリーダーとして選択肢をもっていただくことにあります。文化とは、一人ひとりの日々の選択を通じてつくられるものだと思うからです」

続いて最初のプログラムが始まった。幹部たちが3つの小部屋を順番に進むと、部屋ごとに異なるメニューが用意されていて、それぞれでナイキの企業文化の過去、現在、未来を体験できるようになっていた。次のプログラムは逆メンタリング、幹部たちが社員から学ぶという趣向だった。お見合いパーティの要領で、幹部たちが社員のテーブルを順番に回って話をする。それぞれのテーブルには、ふたりの社員が待機していた。主催者はこのとき、てきぱきと進行させるのに苦労する羽目になった。幹部たちが会話に夢中になり、テーブルを離れたがらなかったせいだ。午後は、企業文化を戦略上の武器にするための前提と選択肢について話し合った。

こうして、若手社員の取り組みは、上級幹部が思考を深め、多くの発見をする機会になった。とはいえ、これはまだ始まりにすぎなかった。この「ニュー・クルー」と呼ばれた非公式グループの成功を受けて、同様のプロセスを社内の主要部門に広げることになったからだ。やがて、ニュー・クルーのメンバーは300人を数えるまでになり、好成績を上げている社員が参加して1年間活動したのち、ほかのフレッシュな人材に席を譲るという形になっていった。ニュー・クルーのメンバーは社内で強烈な存在感を放つことが多く、どの幹部たちも彼らを部下に加えたがった。

ジーナは、ニュー・クルーを特別な存在と考えている。だが、特殊な存在とは思っていない。あなたも自分の組織の中を見つめてみよう。その気になって探せば、きっと同じような人材が見つかるはずだ。

【ルーキーが得意とする場、そして環境とは】

ルーキー・スマートが、過酷で急激に変化している職場（つまり、今日の大半の企業）と相性がよく、そのような職場で不可欠な資質だということは、だれでも想像がつく。しかし、貢献したい、学びたいと強く思っているルーキーが最も輝くのは、具体的にどのような場なのか？　どのような環境で、ルーキー・スマートがものを言うのだろう？

ルーキーが最高のパフォーマンスを発揮するのは、次のような舞台に身を置くときだ。

新しいフロンティア　お察しのとおり、ベンチャー企業ではルーキー・スマートが威力を発揮する。ベンチャーキャピタル会社レッドポイント・ベンチャーズの共同経営者、トマシュ・トゥングズは、新興企業の環境についてこう語っている。「それに従っていればいいというひな型も、お手本になる方法論もない。……このような環境で最も成功するのは、どの道を進むべきかを決めつけない人です。そういう人は互いに学び合い、市場からも学ぶ。意欲的に学ぶ姿勢は、自分がすべてを知っているわけではないと認めることから生まれるのです」

ビジネスの世界には、業界経験のない人が築いた新興企業の成功例が無数にある。アマゾン・ドット・コムも、イーベイも、ネットフリックスやツイッターもそうだ。テクノロジー分野だけではない。サーカス集団のシルク・ドゥ・ソレイユ、カナダのアウトドア用品ブランドのマウンテン・イクイップメント・コープ、カーシェアリングサービスのジップカーなども同様だ。ソーシャルメディア企業を対象にした調査では、取締役会に起業経験者がいるベンチャー企業は、初心者だけの企業に比べて売り上げが約6万6000ドル、集めた資本が10万ドル近く少ないという。

だが、ルーキー・スマートは、起業だけでなく、もっとさまざまな環境でイノベーションを後押しする。クレイトン・クリステンセン、ジェフリー・ダイアー、ハル・グレガーセンの著書『イノベーションのDNA』(翔泳社)では、傑出したイノベーターになるために必要なのは、「問いを発するスキル」「観察するスキル」「人脈をつくるスキル」、そして「実験するスキル」だとされているが、これらはいずれもルーキーの得意分野だ。

短いサイクル　ベテランのエキスパートは、長期的に見ればルーキーを上回る成績を残す場合が多い。パターンを見いだし、それを生かして行動できるからだ。一方のルーキーは、状況が移ろいやすいときにとりわけ強みを発揮する。チェスの名人と初心者の大きな違いは、どのくらい長い目で戦略を考えられるかだ。名人は何手も先を見通すが、初心者はせいぜい一手、二手先しか考えられない。ただし、短いサイクルで状況が変化するケースでは、次の手を打つ前にルールが変わってしまうことがある。そうなれば、過去の成功パターンは役に立たない。どんなによく練られた計画も通用しなくなる。ボクシングの元ヘビー級チャンピオン、マイク・タイソンが喝破《かっぱ》したように、「だれもが戦い方のプランをもって試合に臨むが、顔面に一発お見舞いされればおしまい」なのだ。

世界が急速に変化しているいま、リングに立たせたいのはルーキー・スマートの持ち主だ。チームにルーキーを加えておくことで、戦いが有利に進むだけでなく、生死をわける可能性もある。

複数の正解　50人を超すマネジャーに話を聞いたところ、ルーキーに委ねるのに最適な仕事として最も大勢が挙げたのは、「創造性が求められ、複数の解決策がありえて、業務の流動性が高い仕事」だった。具体的には、企画書の作成、ブログの執筆、有効なレッスンプランの策定、ソフトウエアの開発、病気の治療方針の決定などがそうだ。フェイスブックのマーク・ザッカーバーグが会社をつくったとき、プログラミングのベテランではなく新人エンジニアを好んで採用したのも、これが理由だったのかもしれない。ザッカーバーグは、ハーバード・クリムゾン誌のサム・テラーに対して、「業界経験より、地頭力が問われる仕事だから」と説明している。

膨大な情報　ひとりの人間、ひとりの専門家ですべての情報を処理したり、把握したりできない複雑な環境では、多くの頭脳を活用できる人や組織が成功する。ジャーナリストのジェームズ・スロウィッキーの著書『「みんなの意見」は案外正しい』（角川書店）によれば、大勢の情報を集約すると、ひとりの人間の意思決定より好ましい決定をくだせるケースが非常に多いという。認知的活動（思考と情報処理）、活動の調整、（権力による統制や強制をともなわない）協力が求められる場合はとくにそうだ。そのような環境は、ルーキーが活躍するのに適している。複雑な問題を解決するために必要なのは、みんなが計画的に協働しながら知恵を絞ることである。ルーキー・スマートの持ち主は、問題を設定し、問いを発し、真実を探し、見いだされた知見を問題に当てはめることを通じて、そのプロセスにまとまりをもたらす。

新しい領域に挑むベテラン幹部　ルーキーとは、働きはじめたばかりの若い人のことである――そう思っている人もいるかもしれない。しかし、私たちの調査によれば実際は正反対だ。ことのほか高いパフォーマンスを示すルーキーは、幹部の地位にある人が最も多い。たとえば、聡明で経験豊富な幹部が、新しい領域でリーダーを務める（新しい部門を率いたり、未知の業種に移ったり、過去に経験のない業務を担ったりする）ケースだ。こうした人たちは、経験に裏打ちされた知恵、リーダーシップのスキル、組織運営のノウハウといったベテランの強みとともに、素朴な問いを投げかける力、素早く学ぶ力、新しい人脈を築く力、新しい可能性の扉を開く力など、ルーキーの強みも併せもつ。

だが、ルーキー・スマートが輝くのに理想的な環境がある一方では、ルーキーにとって危うい環境もある。素人が、断崖絶壁を安全ロープなしで登ったり、スキーの超上級者用スロープを滑降したりするのが危険なのと同じだ。適切な指導と指示がなければ、ルーキーは自分にも他人にも危険をもたらしかねない。スカイダイビングで一緒に飛ぶインストラクターが初ジャンプの人だったり、新人の心臓外科医に執刀されたり、初心者の歯科医に歯を削られることを想像すれば、だれでもゾッとするだろう。

一度のミスが命とりになりかねないときに、ルーキーにプレーさせるのはリスクが大きすぎる。

その失敗が会社の息の根を止めたり、本人や上司のキャリアに終止符を打ったり、だれかの人生をめちゃくちゃにしたりといった取り返しのつかないダメージをもたらすようなケースだ。

このことは、子育てを想像するとわかりやすい。子どもたちは日々新しい試練に直面し、「はじめてのあんよ」「はじめてのおしゃべり」「はじめての登校」といった「はじめての○○」をいくつも経験しながら育つ。ティーンエージャーになってもまだ、「はじめての○○」は続く。そうやって複雑な学校生活や恋愛、さまざまな責任の洗礼を生き延びていく。そして親は、その成長過程の最も混沌とした時期に、わが子に自動車のキーを渡す。この瞬間、子どもたちには多くの可能性が開ける。だが同時に、リスクも一挙に高まる。

たいていの親は、わが子にどの程度の自由を与えるべきか悩まずにいられない。子どもたちにはいろいろ学んでほしいけれど、事故やけがはさせたくない。こんなふうに迷ったとき、私はシンプルな問いを自分に投げかけるようになった。「もし失敗したら、この子はそこから立ち直れるだろうか?」。答えがイエスなら、それはルーキーにふさわしい場だ。親は口を出さず、子どもたちに経験から学ばせればいい。もしノーなら、親は子どもに寄り添い、具体的に教え導き、指示することが必要になる。

2013年7月6日、サンフランシスコ国際空港で起きたアシアナ航空の飛行機事故を覚えているだろうか。ティーンエージャー3人が死亡し、12人が重傷を負った事故だ。操縦桿《かん》を握っていた副操縦士は、この事故の機種であるボーイング777の飛行経験がたったの43時間だった。まだ慣熟訓練を始めたばかりで、この機種をサンフランシスコ国際空港に着陸させるのはこの日がはじめてだった。同機種のオートパイロット機能にも慣れておらず、速度維持装置を作動させることを怠り、飛行機を失速させてしまったのだ。

同乗していた機長は、副操縦士訓練の教官役も務めていた。ボーイング777の飛行経験は32０時間のベテランだったが、教官としての搭乗はやはりこれがはじめてだったという。機長が問題に気づいて着陸をやり直させようとしたときは、もう手遅れだった。失速した飛行機は滑走路手前の護岸壁に尾部をぶつけ、通常よりも手前で胴体着陸して出火した。ルーキーのパイロットとルーキーの教官、はじめて同士という状況が生んだ悲劇だった（ルーキーの「安全ネット」に関しては第8章で詳述する）。

「永遠のルーキー」をめざす

ところで、ルーキー・スマートは、すでにその炎が消えてしまった人でも再び点火できるのか？それとも、それは一部の人だけが自然にもっているものなのか？　その答えは「どちらもイエス」だ。「偉大なリーダーは、生まれか育ちか？」、あるいは「偉大なスポーツ選手は、生まれか育ちか？」というおなじみの問いの答えと同じである。スポーツの世界と同じように、仕事の世界でも資質に恵まれている人はいる（それは、生まれもっての才能の場合もあれば、幼い頃に身につけた才能の場合もある)。だが、そうでない人も、より多くの訓練を積めばそれを身につけることはできる。ルーキー・スマートの思考パターンはすべて、学習し、はぐくむことができる。

ただし、ひたすら訓練に励むだけが方法ではない。ルーキー・スマートは、なじみのない、もっと言えば居心地悪い環境にあえて身を置くことで獲得しやすくなる。重要なのは、学びたいという意志をもち、それを実行に移すことだ。学べない人のほとんどは、本当は学びたくないだけなのだ。

▼新しい世界に飛び込んだ人

高いスキルをもったベテランがルーキー・スマートを見事に取り戻し、しかもベテランらしい洞察力を保ちつづければ、目覚ましい成果を上げられる。課題や状況に応じて行動をうまく使いわける人は、敏捷に新しい山を登り、その頂上から新しい景色を見られるのだ。

ポイントは、必要なときにルーキー・スマートの思考パターンを呼び覚ましたり、それに切り替えたりできるかどうかだ。たとえば、新製品開発に着手するときはルーキー・スマートを引き出し、外部の専門家に話を聞いたり、素朴な質問をぶつけたり、大胆なアイデアの実現可能性を素早く試したりしてもいい。しかし、プロジェクトチームがつまずき、会社の官僚体質のぬかるみにはまり込んだときは、洞察力あるベテランのモードに切り替えなくてはならない。

非常に多くの経験と実績があるにもかかわらず、いつでも簡単にルーキー・スマートを呼び覚ませる人のことを、私は「永遠のルーキー」と呼んでいる。

ジム・ディレーニーもそのひとりだ。ジムは、まさに生粋のエンジニア。ものをつくり、ものが機能する仕組みを学ぶことに喜びを見いだすタイプだ。ティーンエージャーのときにはすでに、自動車を分解して修理していた。その後、海軍兵学校に進み、奨学金を受給してフランスに留学し、フランス語を学んだ。卒業したあとは海軍に暗号専門家として勤務し、除隊後は通信大手のベライゾン・コミュニケーションズでエンジニアとして働いた。

さらにその後、会社を辞めて、ペンシルベニア大学ウォートン・ビジネススクールで学び、MBAの資格を取得し、成績優秀者名簿にも名を連ねた。そして、そこから20年にわたり、テクノロジーと金融サービス分野のさまざまな企業で、中級あるいは上級レベルのマネジメント職を経験した。出世の階段を上り、CEOの役職を務める準備を整えていったのだ。ところが、社内のある事業部門の統括責任者に昇進した直後、新しいCEOがやってきた。新CEOは新しい経営チームを迎え、ジムは昇進どころか、解雇通知を渡された。

それでも、就職活動を始めた直後は楽観していた。しっかりした経験があったし、リーダーにふさわしい経歴も重ねていたからだ。だが、面接を受けるたびに現実を思い知らされる羽目になった。新しいソーシャルメディア関連のテクノロジーや、モバイルテクノロジー、デジタルテクノロジーの登場により、これまで地道に築いてきた経験が強みと評価されなくなっていたのだ。狙っていた職に、自分ではなくルーキーが採用されるケースをいくつも目の当たりにするうちに、ジムはこれまでの経験をお荷物とすら感じはじめた。このままでは、自分のスキルの有用性はどんどん乏しくなる。へたをするとまったく役に立たなくなりはしないかと、不安でいっぱいになった。

そこでどうしたか？　ジムは方向転換をし、長年の経験の延長線上にない行動をとった。自分が専門性をもっている環境（軍隊や大企業での出世の階段）を去り、投資ファンドの支援を受けた小さなベンチャー企業、シソモス社のCOOに就任したのだ（その後、CEOに昇進した）。

シソモス社は、ソーシャルメディア・コミュニケーションの分析をおこなう会社だ。ソーシャルメディア業界は20代が中心で、ジムにとってはまったく新しいフロンティアだった。短期間で多くのことを学ぶ必要があった。企業中心の論理を捨てて、顧客やソーシャルメディア・コミュニティと一緒に新しいものを創りあげる姿勢を身につけ、過酷な働き方をせずにもっと速く前進する方法も学ばなくてはならなかった。それでも、すぐにコツをつかみ、日々新しいことを学びはじめた。

ジムはまた、会社を成長させるために、若いデジタル・ネイティブ世代の専門職だけでなく、自分と同じような人たちも引き入れた。キャリアの中盤で成功を収めたが、ソーシャルメディアという新しい世界に果敢に踏み出したいと考えていた人たちだ。映画『オーシャンズ11』で、11人の犯罪スペシャリストがもう一度大きな盗みをはたらくために結集したように、ジムの元にもさまざまなタイプの人材が集まってきた。

そのひとりが、50代前半のジョーン・クラークだ。法人営業の達人で、組織内の多くの階層の協力を取りつけることに長けていたが、法人営業責任者としてシソモス社に加わったときは、ソーシャルメディアのことはなにも知らないに等しかった。だが、新しい世界に飛び込んで、速いペースで学習し、いまでは取引先企業に対して、顧客に最も有効にメッセージを届けるためのソーシャルメディア活用法を上手に助言している。

新しい挑戦を楽しんでいるのは、ジョーンだけではない。家族も彼女の変化を感じとっている。娘たちからは、お母さんのことを誇らしく思うと言われるようになり、夫からも「きみがこんなに幸せそうに見えるのは、ずいぶん久しぶりだ」と言われた。

シソモス社はいまも成長と繁栄を続けている。だが、おそらくなによりも重要なのは、社員が充実した日々をおくれていることだ。「ものをつくり、新しいことを学んでいるときに、私は生きがいを感じる。喜びと達成感を味わえるのです」とジムは言った。「メンバーが最高の結果を残せるようにしたければ、成長しつづけられる環境をつくらなくては」

仕事の楽しさは、階段のいちばん上に着いたときではなく、そこを目指す過程で得られる。そのことを、傑出したリーダーは理解している。

【若々しい思考の泉をこの手に！】

出世の階段を上りつめたり、好調の波の上に立ったりすることには、危険がつきまとう。マイクロソフトの共同創業者であるビル・ゲイツの言葉を借りれば、「成功は悪しき教師だ。聡明な人たちに、負けが許されないと思い込ませてしまう」。

企業アドバイザーのバーン・ハーニッシュも、成功の落とし穴を指摘する。はじめてビジネスを興す起業家は、知識がなく、失敗するが、その経験から学ぶ。うまくいけば、大きな成功も手にできる。だが、この成功体験が次の機会に命とりになる可能性がある。やり方はわかっていると自信満々になるあまり、市場を見誤り、重要なシグナルを見落とすことが多いのだ。「はじめての起業を大成功させた起業家が、二度目の起業で最初の儲けをすべて消滅させずに済んだのなら、運がいい」と、ハーニッシュは言っている。経験とうぬぼれが組み合わさった先には、悲惨な結果が待っている。

人はお手軽で慣れているものの虜《とりこ》になり、勝手知った道を歩きつづけたくなるものだ。現在や未来の世界で冒険の続きをすべきときに、過去の世界に生きている人はあまりに多い。いまなにを学んでいて、なにを計画していて、どこを目指しているかを語るべきときに、過去になにを学び、経験し、実行したかばかりを語っているのだ。

もしも、あなたが「万事うまく運びはじめた」と感じるようになったら、再びゼロから新たな学習を始めるべき時期なのかもしれない。新しいことに挑戦するときには不安がつきものだ。だが、その不安はあなたに再生と活力をもたらす。そうした状況に身を置き、急ピッチで学習することで、私たちはルーキー・スマートに再び火をつけられる。

変化の速い世界では、ルーキーの力が欠かせない。ただし、ルーキーならだれでもいいわけではない。求められるのは、ルーキー・スマートの持ち主だ。自分を過去から解き放ち、多くの人の専門知識を活かし、慎重に、しかし素早く行動し、新しい世界へと力強く前進していける人物。ひとことで言えば、学習できる人物だ。「知識のない人と一緒に仕事をする場合は、学ぶ意欲をもっている人を選ぶべきだ」と、元オラクルの幹部も言っている。

ルーキー時代のマジック・ジョンソンがアブドゥル・ジャバーの代役を務めることになったとき、バスケットボール界の期待は大きくなかった。しかし、マジックはみずからに大きな期待をいだいていた。そして、試練を受けて立った。

ルーキーであることは弱点ではない。むしろ名誉だ。自分にも他者にも、ルーキーだからという理由で期待を引き下げるのはやめよう。代わりに、大きな期待をいだくのだ。

第1章のまとめ

《私たちの調査でわかったこと》

❶ルーキーは、目覚ましい成果を上げられる。多くの局面でベテランに肩を並べ、イノベーションが求められる局面や緊急性の高い局面ではベテランを凌駕する。

❷高いパフォーマンスを示すルーキーのやり方は、高いパフォーマンスを示すベテランと大きく違う。

❸ルーキーの行動は、一般のイメージどおりとは限らない。

❹経験は危険な死角を生む。行動が習慣化すると、新しい可能性が見えなくなり、新しい視点を求めることをやめ、新しい道を歩かなくなる。

《ルーキー・スマートのモードと思考パターン》

ルーキー・スマート		ベテランの快適ゾーン	
モード	思考パターン	モード	思考パターン
バックパッカー	無制約	管理人	守り
狩猟採集民	警戒と探索	現地旅行ガイド	アドバイス
ファイアウォーカー	慎重と迅速	マラソンランナー	安定したペース
開拓者	欠乏感と猛烈さ	定住者	快適と消費

ルーキー・スマートとは、ものごとにはじめて取り組むという自覚がある人が示す思考・行動パターンだ。ここに挙げた「モード」は、人を分類するためのものではない。同じ人が局面によってさまざまなモードに入る。ある側面ではルーキーのモード、別の側面ではベテランのモードという人もいる。

《ルーキーが活躍する場、危険な場》ルーキーは、以下の環境では非常に高い成果を上げる。

❶新しいフロンティアを探索し、イノベーションをおこなうとき。

❷素早く成果を上げなくてはならないとき。

❸正解が複数あるとき。

❹情報がありすぎて、ひとりでは把握しきれないとき。

一方、一度のミスが命とりになる場面では、ルーキーが大惨事を招きかねない。

第２章 バックパッカーになろう！

自由な思考で動く

大偉業のいくつかは、それが不可能だと気づくほど賢くない人たちがいたからこそ成し遂げられた。

——ダグ・ラーソン（アメリカのコラムニスト）

１９８０年代前半、商用コンピュータの世界は、当時の業界用語で言う「ビッグ・アイアン（＝大きな鉄の塊）」が全盛だった。どの企業にも、データセンター内には貨物配送トラックほどある巨大なメインフレーム機と、それよりいくらか小さなミニコンピュータが置かれていた。しかし、その図体に比して、データ処理能力はお粗末だった。ディジタル・イクイップメント・コーポレーション（ＤＥＣ）が、ミニコンピュータを「ミニ」という呼び名に似つかわしくない高価格の３万ドルで売り出したのは１９８０年。このマシンが、多くの企業で情報システムの基盤になっていた。

だが翌年、ＩＢＭが市場に参入し、わずか数千ドルでパーソナル・コンピュータを発売した。

ほとんどの人はそれを実用性の乏しいおもちゃのようなものと思ったが、ステファニー・ディマルコは違った。この若い女性は、業界の知識に惑わされず、新しい安価なコンピュータに大きな可能性を見てとったのだ。

ステファニーは、1979年にカリフォルニア大学バークレー校（ビジネス専攻）を卒業し、1981年から小さな資産管理会社でアナリストとして働きはじめた。以後、コンピュータ戦争のど真ん中に放り込まれていくことになる。

そもそもは、手作業による記帳の煩雑《はんざつ》さにうんざりした彼女が、会社を説得して取引の自動記録システムをつくらせたことから始まった。そのとき会社が導入したのは、他社と同じくDECのミニコンピュータだ。小さな会社にとって3万ドルは大きな出費だった。

ところが半年後、IBMが10メガバイトのメモリー（DECのミニコンピュータの2倍）を搭載したパーソナル・コンピュータを、たったの5000ドルで発売した。ステファニーはこのとき、ある可能性に気づいた。とびきり低価格のこのパソコンを土台に、情報システムを構築できないか？

まだ25歳。働きはじめて2年しかたっていなかったが、ステファニーは技術者のスティーブ・ストランドとともに、アドベント・ソフトウェアという会社を立ち上げた。「私は技術者ではありません。テクノロジーに関する経験はほとんどゼロでした」と、本人は振り返る。経験豊富な技術者たちからは「無理だ！」という大合唱が湧き上がった。「パソコンで強力な情報システムなんて築けるわけがない。そんなことは常識だ」

テクノロジー界の大物たちから失敗の烙印を押されても、ステファニーは自分のアイデアを信じつづけた。コストが3分の1、処理能力が2倍になるなら、ビッグ・アイアンからパソコンへの移行は、実現可能というより不可避に思えたからだ。

ステファニーとスティーブ、それに徐々に増えはじめたスタッフは批判を無視し、パソコンを用いた高性能の情報システムを開発しはじめた。そして1年足らずで、強力なポートフォリオ会計管理システムをつくり上げた。ステファニーはただちにパソコンを台車に乗せ、ニューヨークのローワーマンハッタンの金融関連企業を回って売り込みを始めた。このシステムを導入すれば、コストを減らし、コンピュータの処理能力を高められます！　と。

最初の反応はよくなかった。ある見本市に出品したときは、ライバル企業の社員から「ちゃちなコンピュータを使ってお嬢さんが経営しているカリフォルニアの会社」呼ばわりされた。しかし、アドベント社のソフトウェアはふれこみどおりの性能を発揮し、顧客はどんどん増えていった。

その後もビジネスモデルに磨きをかけつづけたステファニーらは、流通業者を通さず投資会社に直接販売することを決めた。すると、またしても批判の大合唱になった。「あの価格帯で顧客に直接売るなんて無理だと、みんなに言われましたよ」。だが、そんなことはなかった。

12年後の1995年、アドベント・ソフトウェアは株式上場を果たした。本書執筆時点での株式時価総額は15億ドルを突破し、60以上の国で事業を展開している。同社のソフトウェアで管理されている資産は、総額約14兆ドルに達するという。ステファニーは2012年6月でCEOを退き、後進に道を譲った。

ステファニーは、経験がなかったからこそ、業界のベテランが価値を認められなかったものに値打ちを見いだし、株式時価総額15億ドルの企業を築いた。新しい可能性を開くためには、現状にとらわれずにものを考えることが不可欠だ。

本章では、バックパッカーたるルーキーと管理人たるベテランの違いを掘り下げたい。

【「管理人」から「バックパッカー」へ変わるために】

骨休めのつもりでキャンプに出かけたのに、のんびりリフレッシュするどころか、逆に消耗してしまった——そんな経験がだれでもあるだろう。大自然のなかで心穏やかな週末を過ごすはずが、「必要になるといけないから」とあれもこれも持ち込む結果、荷造りと現地での荷ほどき、寝る場所の準備などに忙殺されて、大自然を満喫する時間もエネルギーも残らなくなるのだ。帰りもまたテントをたたみ、荷物をまとめ、家まで車を運転し、荷ほどきをしなくてはならない。結局、いつもと同じように疲弊する羽目になる。

マネジャーはしばしば、これと同じような状態になる。本来なら自分を勇気づけてくれるはずの経験が、むしろ重荷になっているのだ。過去の成功が跳躍台ではなく錨《いかり》になって、その場から動けなくなってしまうベテランは、成功の頂から退化の谷底へと滑り落ちていく。

経験が前向きな思考を妨げるパターンを3つ紹介しよう。

①勝手に限界を決める　陸上競技を始めた人は、数回レースを経験すると、自分がどれくらいのタイムで走れるかがわかってくるが、ときにはそれが成績を伸ばす妨げになる。こんなエピソードがある。1945年、スウェーデンのグンダー・ヘッグが1600メートル走の世界記録4分01秒04を打ち立てた。この記録はその後ずっと破られず、専門家や評論家の間では、4分を切るのは人間の限界を越えているというのが定説になっていた。しかし9年後の1954年、オックスフォード大学の医学生ロジャー・バニスターが、3分59秒04の新記録で「4分の壁」という人為的な限界を破ると、46日後には早くもその記録が塗り替えられた。それ以降、1600メートルを3分台で走る選手が続々とあらわれた。

②同じ道を歩きつづける　成功している経験豊富な人や企業は、過去の成功にとらわれて、慣れた道を選びがちだ。それは、動物園で飼育されているトラが神経質に同じ場所を行ったり来たりする姿を思わせる。歩くルートが決まってしまうと、そこに目に見えないフェンスができあがり、自由に歩ける場所にも足を踏み出せなくなるのだ。

一世を風靡《ふうび》した携帯情報端末ブラックベリーの製造元、リサーチ・イン・モーション《RIM》社（現ブラックベリー社）が陥ったのも、この現状維持の落とし穴だった。ブラックベリーのセキュリティとネットワークを担うデータセンターに多額の投資をしていた同社は、市場を根底から揺るがす変化に気づかず、対応できなかった。消費者がコンテンツの制作と娯楽の消費の両方に使える端末を求めはじめたのに、かたくなに従来の道を歩み、製品の改良とネットワークの強化に励んだのだ。「仕事と私生活を統合する端末へのシフト」という市場動向を無視しつづけ、ようやく路線変更を試みたときはすでに遅かった。乗り出した変化もあまりに小幅だった。

これまでのやり方を守ろうとすると、思考が制約され、イノベーションの可能性も狭まる。ある新興インターネット企業のCEOが述べているように、「組織にいちばん大きな害を及ぼすのは、なにかを守ろうとする人物」だ。

③地位に固執する　成功の快感を味わうと、人はその地位と立場を守ろうとしはじめる。成功の美酒は、ときにいとも簡単に思考に影響を及ぼすのだ。たとえば、立派な肩書きに固執し、部下をたくさんもちたがる人がいる。部下の数を社内での影響力の基準にしているからだ。善意のマネジャーでも、安定を維持し、勤勉なスタッフを守ろうとする結果、組織にとって不可欠な進歩とイノベーションを妨げてしまう場合がある。

▼苦い教訓

私は、オラクルの創業者兼CEOのラリー・エリソンと、オラクル大学の再編計画を話し合ったときのことをよく思い出す。「カリキュラムをグローバルなものにし、オンライン上のバーチャル講座を中心に据える」という新しい方針について、途中までは前向きで創造的な話し合いができていた。しかし、やがて雲が晴れるように本当の狙いが明らかになった。ラリーは私に、スタッフを

450人から100人まで減らしたうえで組織を再編をしてほしかったのだ。

私は、オラクルのために、そして部下たちのために行動しようと決意した。だから、ほかの事業部門のリーダーたちと意見交換し、その計画が既存事業にいかに大きなダメージを及ぼすかを実証するデータを集めた。そのうえで、350人減ではなく、100人減にとどめる案をまとめた。

1週間後、ラリーは私の分析に注意深く耳を傾け、私の案が理にかなっていると認めた。かすかな失望の色が見えたような気がしたが（相手がラリーなら、失望をそれとなく表現されただけで済めばよしとすべきだろう）、都合よく黙殺した。私は無茶なリストラ計画を阻止できてホッとしていた。これは勝利だとみなしもした。

しかし、その考えは間違っていた。1年後、チームに残った面々は新しいことを試みられずにいた。しかも、ゆっくり失血しつづけるかのように、自発的に、あるいは本人の意に反して会社を去る人が続いた。私の「勝利」がもたらした犠牲は、あまりに大きかった。ラリーは未来のために組織を築こうとしていたが、私は過去を守ろうとしていたのだ。

職場に必要なのは、管理人でも保護者でもない。バックパッカーのような人たちだ。現状という足枷《あしかせ》にからめとられず、すぐそこにある境界線の向こうまで足を延ばし、てきぱきと探索できる人こそが求められている。

▼九死に一生を得た日

もうひとつ、昔の話をしよう。夫（こちらも名前はラリー）と一緒に、ユタ州南部へ1週間のハイキング旅行に出かけたときのことだ。私たちは、1000キロ以上も車を走らせて目的地に向かった。夫は生来のアウトドアの達人だが、現代社会ではその才能を生かせずにいた。旅の最後の冒険は、3日間にわたるトレッキングだ。バックパックを背負い、ザイオン国立公園のひなびたコロブ峡谷の一帯を歩く。美しい峡谷と滝、そしてアメリカ南西部の赤味がかった荒地の景観を楽しむつもりだった。

出発が遅くなった私たちは、必要最低限のものだけをもって、小走りに近い速さで歩きはじめた。暗くなる前に、初日のキャンプ予定地にたどり着きたかった。しかし、あたりはすぐに真っ暗になり、懐中電灯が照らす半径1メートルほど以外はなにも見えなくなった。とうとう、これ以上進めなくなった。私たちは、道のはずれにある開けた場所にテントを張った。だれの許可も得ず、キャンプ場でもない場所だったが、なんの不安も感じずに一夜を過ごした（夜中になにかがテントに忍び寄ってこないかは不安だったけれど）。

翌朝、目が覚めると、谷には野生の花が咲き誇り、息をのむような美しい眺望が広がっていた。私たちはさらに歩きつづけ、ようやく前の晩に泊まるはずだった場所までたどり着いた。そこで荷物をおろし、小さなテントを張った。ランチの時間だ。コンロに火をつけ、川べりに腰かけて、お湯で戻したささやかな食事をした。のんびりした時間だった。

そのとき、遠くで耳慣れない咆哮《ほうこう》のような音がかすかに聞こえた。いつも警戒を怠らないラリーがすぐに気づいて、怒鳴った。「鉄砲水だ！」。私たちははじかれたように立ち上がり、わずかな荷物をかき集めると、大慌てで15メートルほど離れた安全な場所に逃げた。水の壁が猛烈な勢いで近づいてきた。次の瞬間、鉄砲水が川底をさらい、あたりのものをすべてなぎ倒し、深く根を張った木だけ残してあらゆるものをのみ込んでいった。

素早く対応できたのは、軽装だったからだ。そのおかげで、私たちは広範囲に自然を探索でき、柔軟に計画を変更し、新しい方向に進むことができた。

▼悪政を動かした新人

ある国会議員の例も紹介しよう。

2011年、ギリシャは、脱税の蔓延と巨額の債務が原因で深刻な政治的・経済的危機にあえいでいた。国の指導者たちは緊縮財政を実施して行政サービスを次々と削減し、市民がそれに対抗して街頭で激しい抗議活動を展開した。危機はますます深刻化し、いよいよ破滅の瞬間が近づいてきた。ついには、欧州連合（EU）のリーダーたちも危機の拡散を抑えるための救済策を話し合いはじめた。世界のほかの国々は不安げに、すべての国が密接に絡み合うグローバル経済への影響を案じていた。

元政治家を親に持つ46歳のハラ・ケファリドウが国会議員になったのはその頃だ。当時の与党、全ギリシャ社会主義運動（PASOK）に説得されて、故郷のドラマという町から立候補した。妊娠中だったにもかかわらず、ケファアリドウは楽々と当選した。

　しかし、新人議員の彼女が見たのは、特権を享受してさまざまな特別待遇を受けている議員たちの姿だった。平均的なギリシャ人が給料の引き下げや税金の引き上げ、社会保障給付の減額に苦しめられているというのに……。正義に反する。国会議員も身を切るのが当然だ――そう思ったケファアリドウは、保守系の新聞に書簡を発表し、300人の同僚議員たちに多くの特権の放棄を呼びかけた。特権とは、公用車、ふたつの年金、鉄道の無料パス、そして委員会審議に出席した際の追加の日当（425ドル相当）などだ。

　書簡は国民に歓迎されたが、激怒した党指導部からは説教され、先輩議員たちにはあざけられ、避けられるようになった。アテネの狭い事務所で孤独を味わいながら、ほかの議員たちが理解してくれるのを待ったが、その気配はまったくなかった。

　しびれを切らした彼女は、ついに公用車のメルセデス・ベンツを返上し、委員会出席手当ての受け取りを辞退すると宣言した。するとその日、ひとりの野党議員が公用車の返上を表明した。ほどなく、小政党の議員たちもあとに続きはじめた。そして、とうとう議長が委員会出席手当てを半額に減らすと発表した。最終的には、議員の給料も削減された。

　既存のシステムにどっぷり浸かっている政治家には、問題点が見えにくい。だが、経験という目隠しをされていなかったケファアリドウは、特権をもつ政治家と国民の間の壁に気づき、現状をどう改めるべきかを思い描けた。

枠を乗り越えるためには、まず枠の外の世界を見る必要がある。

【バックパッカーの3つの特徴】

バックパッカーのモードで行動するルーキーは、以下のような特徴をもっている。

▼行動❶新しい可能性を見る

現実にとらわれないと言っても、英雄的な挑戦が必要とされるわけではない。ルーキーは、藪《やぶ》に潜む毒ヘビに気づかないまま平気で前を通り過ぎる人のように、そもそも障害を認識していないだけだ。また、「○○を探すべき」という先入観もない。だから、ほかの人たちが見落としているものに気づいたりする。

根本的な問いを投げかける　ルーキーは、既存の知識や手続き、ルールに思考を制約されないので、ものごとの核心にふれる問いかけができる。ベテランでも問題に気づける人はいる。彼らはだれよりも長く問題と接していて、それについてだれよりも詳しいのだから。しかし、そういう人ほど、問題をどうすることもできないと思いがちだ。それに対し、問題を知って日が浅い人は、そんな思い込みをいだかない。

スニーカーメーカー、コンバースの例を見てみよう。

同社の商品デザインチームは、新商品を市場に送り出すスピードを高めようと必死になっていた。新しいスニーカーを考案してから商品が店頭に並ぶまでの時間を短縮できれば、流行に敏感な顧客に向けて、いち早く最新トレンドを提供できる。マサチューセッツ州ノースアンドーバーに拠点を置くデザインチームは1日でサンプルを完成できたが、中国とベトナムの工場の動きはお世辞にもスピーディとは言えなかった。

そこで、デザイン担当のピーター・ハドソン副社長は、生産プロセス全体に新しい発想を、彼が言うところの「すぐにつくる」主義を広めようとした。その任務を託されたのが、シューズ部門でグローバル・クリエイティブディレクターを務めるブライアン・シオフィだった。

服装は黒ずくめ、頭はスキンヘッドにそり上げ、耳には大ぶりのピアス、そしてタトゥー。ブライアンは、企業のマネジャーというより、ストリート・アーティストと言ったほうがしっくりくる外見の持ち主だった。親元を離れて自活しはじめたのは15歳のとき。高校を優等で卒業し、奨学金でボストンの大学に進学した。大学では、最先端の3Dデジタルプリンティングによる試作品制作の実験に取り組み、エンジニアリングの学位を取得している。その研究に目をつけたコンバースに採用され、試作品づくりのスピードアップを目指すグループの立ち上げを任されたのは、まだ23歳のときだった。

苦労人のブライアンは、採用担当マネジャーの言葉に驚いた。「きみがどんなに若かろうと関係ない。素晴らしい研究だと思う。予算をつけよう。それでなにができるか見てみたい」と言われたのだ。これまで彼の可能性に賭けてくれた人などいなかったのに、意見を求められる立場になった。正直なところ、たとえ無給でも喜んで働いただろう。入社後は、次々とチャンスを与えられ、昇進を重ねていった。上司が自分に賭けてくれたように、彼もほかの人たちの可能性に賭けた。リーダーとして、人々が能力を開花させるのを見るのは楽しかった。

時間短縮に挑んだときもそうだった。ブライアンは、デザインチームと工場の間に確立されていた役割分担にメスを入れ、根本的な問いを発した。なぜ、本社でサンプルをつくるのか？　工場の職人が自分でサンプルをつくれば、作業スピードを高められるのではないか？

そして、中国の広州に飛んだ。工場の人たちに直接会い、創造性を発揮してもらいたいと言い、持参した素材で新しい試作品を設計・制作してほしいと説明するためだった。

「サンプルを1日で仕上げられますか？」。言い渡された課題に頭を抱える職人たちを安心させるために、ブライアンはこう続けた。「どんな作品も不正解ではありません。なにを提出しても問題ありません。自由に創造性を発揮してください」。説明を終えると、ブライアンは職人たちに素材を渡し、明日の夜までに試作品をひとつ完成させてほしいと改めて指示した。会議が静かに終わると、工場内にはエネルギーが満ち、だれもが忙しく立ち働きはじめた。

翌朝、彼の前に、ひとつどころか4つもの美しいスニーカーが提出された。いずれもよく考えられていて、意外性があり、素晴らしい作品だった。

ジム・カルフーン社長兼CEOは言う。「ブライアンは知的好奇心が旺盛で、ものごとを深く考えられる。問いかけを通じて、私たちみんなに考えさせる」。ブライアン自身はこう述べている。「成功は偶然手に入るものだと思っている人もいるけど、〝発見にいたる道は、興味をそそる問いで舗装されている〟ってことを忘れちゃいけない」

究極のシンプルな問いは、究極の洗練された思考を生むことがある。あなたは、ルーキーのような根本的な問いを発しているだろうか？

ただし、注意すべき点がいくつかある。ブライアンが投げかけた問いは、自分を大きく見せたり、知性を印象づけたりすることが目的ではなく、あくまで真摯《しんし》で真剣で謙虚な問いだった。自分は答えをもっていない。だから、みんなの力を借りて答えを見つけたい――そんな謙虚な問いだからこそ、目覚ましい効果を発揮したのだ。

そして、もうひとつ。素朴な問いは、愚かな問いとは違う。素朴な問いは、自然で無邪気で、先入観に影響されず、勝手に答えを決めつけることがなく、しばしば問題の核心をえぐり出す。一方、愚かな問いには知性と常識が欠けている。愚かな問いを発するのは、その人がよく考えず、適切な準備をしていないからだ。素朴な問いは、思考をリフレッシュさせ、活性化させるが、愚かな問いは、単なる迷惑でしかない。

新しいパターンを見いだし、誤りを発見する　ベテランとルーキーの比較調査をした私たちは、マネジャーたちに「経験の乏しい人の長所はなにか」を尋ねた。その答えで最も多かったのが「さまざまな可能性にオープンなところ」だった。「新しいアイデアをもっていること」と答えた人はほとんどいなかった。大半のルーキーは、知識やアイデアをもっていない。しかしそれゆえに、身近にある可能性に目が向くのだ。知識が少ない人ほど、多くのことが見える場合もある。

あるとき、家族と一緒に墓地の前を通りかかった5歳の女の子が楽しそうに言った。「ママ、見て！　彫刻の森だよ！」。不思議な石の集合体になんの予備知識もなかったこの子は、そこに新しいパターンを見いだした。墓石が自然のなかに隠れた魅力的な芸術作品に見えたのだ。

人はなんらかのパターンを見いだすと、それを無視できず、現実をありのままに見なくなりがちだ。パターンに適合するように、現実を頭のなかでねじ曲げてしまうのだ。そのおかげで、次のような文章でも読めてしまう。

――――

単吾の中の文字の順判や正確さはあめり重要てない。重要なのほ、最初と最后の文字が止しい位置にあるこだけだ。残リの文字はめちゃくろゃでも、なんの門題もなく読みトれる。同しように、あたなの頭脳は、この文も迷うことなくスームズに読ぬているだろう。

――――

これを正しく書くと、こうなる。

――単語の中の文字の順番はあまり重要でない。重要なのは、最初と最後の文字が正しい位置にあ

——ることだけだ。残りの文字はめちゃくちゃでも、なんの問題もなく読みとれる。同じように、あなたの頭脳は、この文も迷うことなくスムーズに読めているだろう。

私たちの頭脳は、最低限の手がかりさえあれば、生涯を通して磨いてきた単語認識パターンに合うように、意味をなさない文字列を修正できる。カリフォルニア大学サンディエゴ校で言語研究センター長を務める認知神経科学者マータ・クタスは、言語認識における文脈の重要性を研究している。その研究によると、人は程度の差こそあれ、文脈上の手がかりを駆使して、ページ上の次の文字を予測しながら文章を読んでいるという。

クタスは、このプロセスを「プレ・アクティベーション」と呼ぶ。そのとき、人はこれから認知する概念、性質、形態がどのようなものかを無意識に予測する。それが実際に認知するものと一致するとは限らない。私たちの頭脳はパターンを見いだし、それに基づいて瞬時に判断するのだ。

あるとき、ひとりの女性が友人に、遠くのものが見えづらくなったと訴えた。ただし、ちゃんとした検査を受けたわけではないので、こんなふうに症状を説明した。「遠くの文字がまったく見えないわけではないの。でも、見えるのは、元々なにが書いてあるか知っているときだけなのよ！」。私たちは、勝手知った道をドライブしているときなら、1ブロック先の標識に書かれた道路名でも読みとれる。実際には目に見えていない文字の情報を、頭脳が補っているからだ。以前訪れたことがある場所に行くぶんには、この女性の視力はまったく問題ないのである。

経験豊富なリーダーにも同じことが言える。素早くパターンを見てとり、ただちに推測するスキルは、意思決定のスピードを高める役に立つ。しかし、問題は、それが誤りを見落とすリスクも生むことだ。

トマス・ウルフという研究者が、ピアノ教師としても有名なオペラ評論家のボリス・ゴルドフスキーの経験を紹介している。

昔、ピアノのレッスンで、教え子のひとりがブラームスの「カプリッチョ」(作品76―2)を弾いた。ゴルドフスキー博士いわく、この女性は「技術は優れているけれど、楽譜を読むのが得意でない」。曲を頭から通しで弾きはじめたが、終わりから42小節手前の小節の1拍目、嬰ハ長調のところで、「ト」の音をシャープではなく、ナチュラルで弾いてしまった。嬰ハ長調の三和音は、ふつうシャープのはず。ゴルドフスキーはここで演奏を止めさせ、誤りを指摘した。

ところが、教え子は戸惑った様子で、楽譜どおりに弾いたと言った。確かめると、驚いたことに、楽譜には本当にそう書いてあった。楽譜に誤植があったのだ。

ゴルドフスキーと教え子は、たまたまこの楽譜に誤植があったのだろうと思ったが、調べてみたところ、あらゆる版に同じミスがあった。……数知れない優秀な音楽家たちがそれまで誤植に気づかなかったのは、目の前の楽譜をあるがままに読むのではなく、自分の頭のなかにある音楽のあるべきパターンに合わせて楽譜を理解していたからだった。

このように、専門家が根本的な誤りを見落とす場合があるのに対し、経験のないルーキーは誤りや論理の破綻に気づける場合がある。頭のなかに既存のパターンを持っていないことは、学習のスピードと効果も高める。人間の頭脳は、四苦八苦して学んだことほど強く保持するようにできているからだ。また。ルーキーは好みのルートを確立していないので、新しいルートを切り開こうという意欲もわきやすい。

▼行動❷新しい世界を探索する

人は知識が増え、成功を重ねるにつれて、手ごわいジレンマに直面するようになる。「すでに知っていることを土台に、安定した場所にしっかりと立つべきか、それとも、新しい可能性を求めて、不透明で不確実、もしかすると危険かもしれない場所に足を踏み出すべきか」というジレンマだ。しかし、知識と経験が少ないルーキーは、そんなジレンマと無縁でいられる。

近道を選ぶ　常識やルールに縛られないルーキーは、シンプルに、まっすぐ目的地を目指す。結果的に、それが最短ルートの場合も多い。数年前、私の娘ミーガンがそういう経験をした。メンロ・アサートン高校女子ラクロス部の新シーズン開幕日のことだ。その日、ミーガンはラクロスの試合にはじめて出場した。そればかりか、サッカー部での活動期間が長引いてラクロス部への合流が遅れたため、練習さえ一度も参加していなかった。はじめてラクロスのスティックを握ったのは、わずか数週間前。先輩に基本的なスキルをいくつか教わっただけだった。彼女は最低限の知識だけをもって、ユニフォームを身につけ、攻撃の選手としてフィールドに立った。

そのミーガンが、チームメートからパスを受けた。でもどうしていいかわからない。だから、とるべきだと知っている唯一の行動に出た。フィールドを駆け抜け、相手のゴールにボールを叩き込んだのだ。シュートが決まった。このあとのドローでも味方がボールを奪い、再びパスが回ってきた。うまくパスをする自信はない。またしてもフィールドを突っ走った。そして、啞然とした様子の相手ディフェンスを置き去りにしてゴール前に抜け出すと、ぎこちない動作で再びゴールにボールを叩き込んだ。シュート成功。おもしろがったチームメートに助けられ、いくつかの簡単なパスも成功させて、この初試合でさらに4本のシュートを成功させた。

ミーガンはその後4年間ラクロスを続け、堅実なプレーヤーと評価されたが、1試合で6ゴールという自己記録は更新できなかった。この最初の試合で、ラクロスのプレーの定石を知らなかった彼女は、論理的に考えうる最短距離でゴールを目指した。まったく経験がなかったので、自分が注目をさらったことも気づいていなかった。すべては、ただ自分ができることを、そして最も有効だと思えることに集中した結果だった。

大きな望みをいだく　ルーキーは常識的な限界を知らないため、経験者よりも頻繁に、そして大きな成功を手にできる。前出のコンバースのブライアン・シオフィはその例だが、ここではもうひとりのブライアンを紹介しよう。

ブライアン・シュラムは工学とビジネスを専攻して大学院を修了後、石油大手のエクソンモービルに就職した。原油相場での売買と持ち高の調整が仕事だった。彼はここで、世界屈指のエキスパートとも言うべき有能な同僚たちから多くのことを学んだ。キャリアの滑り出しでやりがいのある仕事を任せられ、強力なリーダーの下で働けることに、大いに満足した。しかし同時に、自分にはもっと学べることや貢献できることがあるとも感じていた。

居心地のいいぬるま湯から抜け出そうと考えたシュラムは、リード・ジェンセンと会うことにした。ロスアラモス国立研究所の有名な科学者であるジェンセンは、科学者人生を通じて取り組んできた二酸化炭素排出削減テクノロジーの商業化を目指し、サンドロップ・フューエルズという会社を立ち上げようとしていた。シュラムは、この新会社に事業開発担当の共同創業者として加わらないかと誘われた。社会に出て働きはじめてまだ1年ほどだったが、彼は妻に、「ぼくには失うものなんてない」と言ってサンドロップに参画し、テクノロジーの商業化と財務の責任者になった。当時27歳。聡明なベテラン科学者たちの集まった会社では異彩を放つ存在だった。

ほどなく、シュラムは投資会社のAmpキャピタル・パートナーズから当初資金を確保した。この投資会社の設立者であるジョン・スティーブンズが初代CEOとして会社に加わった。元はスタンフォード大学で学んだ高名な心臓専門医だったが、ビジネス界に転じていくつもの会社を立ち上げ、投資家としても活動していた人物である。すぐに明らかになったのは、サンドロップが技術開発の次の段階を完了するためには、もっと資金が必要だということだった。その段階まで到達すれば、さらに多くの資金を獲得し、本格的な生産を開始する道が開けそうだった。

ジェンセンは会社の状況を検討し、200万ドルあれば十分だと判断した。しかし、技術開発と事業の拡大をもっと加速すべきだと考えていたシュラムは、資金調達の目標額を1000万ドルに設定して、シリコンバレーの投資会社を回った。

結果はどうなったか？　彼らは5カ月も経たないうちに、シリコンバレーのふたつの有力ベンチャーキャピタル会社から2000万ドルを調達した。ルーキーのシュラムと抜け目ないベテランのジェンセンとスティーブンズ、この組み合わせがそれを可能にしたのだ。本書執筆時点で、サンドロップ・フューエルズは2億ドルを超す資金を調達し、ルイジアナ州に広さ約50万平方キロメートルの工場を開設しようとしている。再生可能ガソリン生産を大々的に始めるうえでの重要な一歩だ。「あの頃は、経験がなかったからこそ大きな望みをいだけた」とシュラムは振り返っている。それから7年たったいまは、もっと慎重になっているという。「現実の難しさがわかってきた。新しい未知の冒険に飛び込むことに、昔より少し腰が引けるようになったね」

オンライン上での評判管理サービスを提供するレピュテーション・ドットコムのCEO、マイケル・ファーティックも、経験がないことの価値をよく知っている。彼は新入社員（多くは大学卒業後すぐに入社する）にいきなり多くのことを教え込まないよう自制しているという。「私は新人になにを教えないかという点に気を配っています。事業開発部門に加わった人たちに契約のまとめ方を教えたりはしない。それでも、新人がベテランよりずっと大きな契約をまとめることが多いのです。新人には、セールスをいつどこから始めるべきかも、けっして教えません。へたな知識がなければ、たいていの人間は、相手方のトップにいきなり切り込みますからね」

予測のつかない行動をとる　まだ行動パターンが確立されていないルーキーは、予測のつかない行動をとれる。経験豊富な人たちは、そうした行動に戸惑い、不意を打たれることがある。あるビジネスのプロ（空手の黒帯をもっている人物）は、いわゆる「グリーンベルト症候群」状態にある相手がいかに手ごわいかを語っている。グリーンベルト症候群については、オンライン俗語辞典の「アーバン・ディクショナリー」が次のように説明している。「武術の初心者によく見られる症状。まだほとんど経験がないにもかかわらず、自分はブルース・リーや宮本武蔵の隠し子だというくらいに自信満々になる。そして、武術について知るべきことはすべて学んだと思い込む」。こういう相手が怖いというのだ。

　同様に武術の達人であるスティーブン・グレアムも、あるベテランのビジネスリーダーに警告している。「あなたは黒帯を獲得するまでの長い年月を通じて、空手の流儀に慣れていく。試合の前後にお辞儀をすべきなのも知っているし、ある動きをするとどのような反応が返ってくるかもわかっている。ある種の試合なら、チェスの対局のようにおおよその展開の予測もつくようになる。だが、そうしたことをまったく知らない初心者と対戦すると、握手しようとしたとたん、いきなり頭にキックを見舞われたりする」

ルーキーたちのこうした行動はあなどれない。ベテランたちの隙を突き、さらにはその先を行く場合もある。みんなが気づいたときには、もう遠くに行っているのだ。

▼行動❸自分に正直に動く

アメリカの走り高跳びの選手ブリジッタ・バレット（2012年ロンドン五輪の銀メダリスト）は、「若くて、活力に満ちていて、結果を出さねばならないという重圧を感じていないことは、大きな強みになる」と述べている。名声をもたない人は、自尊心に邪魔されず、失敗を恐れずに行動できる。失うものがなく、これ以上は落ちようがないので、大胆に高い場所を目指せる。

大胆に行動し、素早く立ち直る　ある選挙運動を紹介しよう。地方の選挙ではたいてい、投票傾向別の有権者名簿を渡されたボランティアたちが、電話をかけたり、戸別訪問したりして、人々の意見を聞きとり、投票の約束をとりつける。1974年、オハイオ州シンシナティの地方選挙でもそうだった。企業でマーケティング担当幹部として働くかたわら、ずっと政治活動に携わってきたリック・シーガルは、このとき地方議会選の立候補者の選対本部長を務めていた。陣営には、はじめてボランティアをする人が大勢集まっていて、その初体験者の創造的なエネルギーが熱気を生み出し、運動全体に推進力をもたらしていた。

リックは、30年後のいまも、当時のことをありありと覚えているという。「はじめてボランティアをする人たちは、どんなことにも情熱いっぱいで取り組んだよ。あの頃はまだテクノロジーが未熟だったから、選挙運動の多くは地味で退屈な作業の繰り返しだったけれど、ルーキーたちは候補者と陣営の掲げる大義と目的を胸に運動に臨んでいた。どういう活動が重要かとか、どういう活動が逆効果だとかという意見はもたない。これが2度目か3度目のボランティアになると、たいていは戦術に一家言もつようになって、ルーキーほど成果が上がらなくなるんだ」

新人ボランティアは、戸別訪問に出発すると、すべての家のドアを叩き、すべての人に声をかける。文字どおりすべての人に、だ。ローラー作戦を展開しているときは、対立政党を支持する地元紙の編集者にも話しかける。そして、厳しい言葉が跳ね返ってきてはじめて、自分が敵の巣に踏み込んでしまったと気づくのだ。

ときには、ルーキーの無知が問題を生むこともある。世間知らずのルーキーがミスを犯すことは避けられない。不注意によるミスではなく、思い違いが原因のミスだ。しかしルーキーたちは、問題の原因となる行動をとったときに劣らない情熱で、素早くミスを修正する。勇気をもって選対本部長に報告し、失敗を挽回する。

リックはこう振り返る。「あるボランティアがうっかりして、選挙イベント用のバンパーステッカーの発注を忘れてしまってね。気づいたときは、イベントまでほとんど時間がなかった。私はあとで知ったのだけれど、このボランティアは州知事のオフィスを装ってメーカーに電話し、出荷を急ぐよう頼み込んだらしい。マニュアルにはない行動だよ」

リックが指揮したこのときの選挙運動は、数々のアクシデントを乗り越え、共和党の新人候補を当選に導いた。選挙の投票日は、共和党のリチャード・ニクソン大統領がスキャンダルで辞任に追い込まれてわずか90日後だった。お世辞にも追い風が吹いているとは言えない状況で、勝利を遂げたのである。

大胆な行動をとれば、失敗はつきものだ。だから、素早く挽回するための勇気をもたなくてはならない。ビジネスや教育の分野でも、イノベーションのサイクルが加速しているが、イノベーションを成功させるためには、大胆に行動すること、そして素早く挽回することが不可欠だ。

子どもたち、とくに幼い子どもは、大人に比べて新しい言語をやすやすと、しかも短期間で習得する。移民の家族を見ても、子どものほうが親より早く新しい言葉をマスターする。なぜか？ 親なら知っているように、幼児はたとえ失敗しても何十回と再挑戦するからだ。その繰り返しで次々と言葉を覚えていく。では、なにが子どもたちを突き動かすのか？ 学習の背中を押すのは、なによりも純粋な動機、周囲の世界と作用し合いたいという欲求である。言葉は、その欲求を満たすための有効な道具なのだ。

ダニエル・カーリック2世の研究によれば、ありがたいことに、大人の脳でも毎日新しいニューロン（神経細胞）がつくられている。その過半数は2週間以内に死滅するが、学習することによって生き延びさせることができる。頭を使い、新しいものごとを学習させつづければ、ニューロンは脳の欠かせない一部として組み込まれ、存続するという。

つまり、学習は年齢に関係なく脳を成長させる。逆に言えば、使わなければ脳は錆びつく。

情熱的に活動する

ロックバンドU2の「顔」で、国際的な慈善活動家としても有名なボノは、「知っていることが少ないほど、強く信じられる」と言っている。この延長で、「知っていることが少ないほど、自分を強く信じられる」と言えるかもしれない。

1998年、インド出身でフランス国籍をもつナヴィ・ラジュがアメリカにやってきた。エコール・サントラル・パリで情報システムの修士号を取得。東南アジアで3年働いたのち、莫大な学費を支払って、エール大学ビジネススクールのMBA課程に入学したのだ。

だが1年後、お金が不足し、どうしても仕事に就く必要に迫られた。アメリカ北東部に住むようになって日が浅く、職探しの頼りになる人脈はほとんどなかった。おまけに、学生ビザの有効期限がもうすぐ切れるという通知まで届いた。残された日数は、たった30日だった。

大ピンチに追い込まれたナヴィは、それでもパニックに陥らないよう努め、就職活動を始めた。すぐにいくつもの会社に連絡をとると、調査会社のフォレスター・リサーチから、ボストンで面接したいという通知が来た。採用されれば、新テクノロジーのアナリストとして働ける。一連の面接が終わると、次は調査レポートの提出を求められた。ナヴィが選んだのは、自分が元々興味をもっていて情熱をいだけるテーマ、「テクノロジーを活用した協働の促進」だった。

これが評価されて、再びボストンに呼ばれた。今度は、レポートの内容について厳しい口頭試問を受ける番だった。人生を左右するかもしれない重要な面接を前に、彼は自分に言い聞かせた。「大好きなテーマだし、失うものはなにもない。最善を尽くそう。だめならフランスに帰ればいい」

そして当日。ナヴィは「子どもみたいに、楽しく、飾らずに」面接に臨んだ。プレゼンは気さくで、熱弁をふるうこともなかった。それは、自分らしく、楽しげで、嘘くささのないものだった。面接担当者たちの目に映ったナヴィは、ピリピリして焦っている人物ではなく、好きな話題を熱く語るハッピーな人物だった。採用責任者もこんな面接ははじめてだった。プレゼンが終わって10分もせずに採用が決まった。ビザの期限切れまであと2日だった。

ナヴィはその後フォレスターで、ボストンとサンフランシスコを拠点に9年働き、そのあとイギリスに渡ってケンブリッジ大学のジャッジ・ビジネススクールに移籍した。現在は同スクールのフェローを務めている。世界経済フォーラムの学識経験者メンバーでもあり、2冊のビジネス書も大ヒットさせた。２０１３年には、経営思想家ランキング「Thinkers50」のイノベーション賞も受賞した。ビジネス向け交流サイト「リンクトイン」のプロフィールには、「高揚させる人、触媒になる人、結びつける人」とある。言い得て妙である。

ナヴィは、ルーキーらしい精神を維持しようと努めてきた。「あらゆる問題を冒険と受けとめて、『どれくらい手ごわいだろう?』と自分に問いかけます。失うものなどない。私は敗者の立場で、つまり謙虚に情熱をもって問題に向き合っています。充実はしているけれど、けっして充足はしない。敗者の精神を失うとき、私は死ぬのです」

自分らしく、すなわち遠慮なく、例外なく、限界なく行動することは、人間の本質だ。全身全霊でものごとに関わることで、私たちは仕事に深い意味を見いだす。多くの人に奉仕できるようにもなる。

【バックパッカーになるための具体策】

では、成功が足枷になったとき、どうすればルーキー・スマートを取り戻せるのだろう？　この問いに答えるために、ある新進作家のエピソードを紹介しよう。

仮にあなたが小説家で、37歳で自己発見の旅について書いた回想録を出版したとしよう。それが世界的なベストセラーになり、30以上の言語に翻訳され、世界で1000万部以上を売り上げる。映画化もされ、タイム誌はあなたを世界で最も影響力のある100人の1人に選ぶ。あなたはこの大成功で自信をいだく。だがその半面、一発屋で終わることへの不安にさいなまれる。次の大きな作品の準備に取りかかろうとするけれど、自分が密かにいだいている不安と疑念を、家族や友人、そして会う人すべての口から聞かされる……。

世界中で大反響を呼んだ回想録『食べて、祈って、恋をして』の著者エリザベス・ギルバートは、2009年のTED講演で、甘美な成功のあとのそんな厳しい苦悩を感動的に語った。まだ40歳。キャリアの静かな落日を受け入れるには早すぎる。けれども、次回作には「尋常でない成功を収めたあとということで、危険で恐ろしいほど期待が高まっている」。ギルバートは、友人や同業者とのつらい会話について次のように語った。

みんなに「終わった人」扱いされたのです。「あれを越える作品は二度と書けないかもしれないって、心配にならない？　死ぬまで書きつづけても、もう世界中の人々に支持される作品は生み出せないと不安になることはない？」。こんなふうに言われました。たしかに、私はそういう不安にさいなまれていました。これから書く作品はすべて、異常な成功を収めた前作と比べられるのですから。もうこれ以上の成功は手にできないように思えました。

ギルバートは、改めて執筆と向き合うまでに長い時間を要した。そこにいたるまでには、単に勇気を奮い起こすだけでなく、自分と作品を区別して考える発想を身につける必要があった。作品を自分の能力の産物ではなく、創作の女神の産物とみなすようにしたのもその一環だった。自分をふたの空いた容器と考え、創作の女神から与えられるアイデアを受けとめ、それを作品に換えることに徹したのである。

すると、変化が起きた。新しい回想録を書き上げることができたのだ。その作品 *Committed*（コミッテッド）は、『食べて、祈って、恋をして』から4年後の2010年に出版された。さらに、2013年には、小説 *The Signature of All Things*（すべてのものの署名）も発表した。それらは高い評価を得たが、彼女にとってなによりも重要だったのは、過去の成功がもたらす途方もない重圧を克服し、大好きな仕事を続けられたことだった。

精神を解放し、重荷を減らせば、険しい上り坂をさらに登っていけるのだ。

ある若い学生は、ビジネススクールの有名教授に、ビジネスの世界で大きなことを成し遂げ、先進的なビジネスのやり方を確立したいと熱く語った。すると、教授は賢明にもたったひとつだけ助言した。「大きなことを成し遂げたいなら、自分を縛らないことだ。年長のリーダーたちに相談すれば、そのリーダーたちの利害に沿う行動しかできなくなる」

では、どうすれば経験の足枷を振りほどき、成功の罠から抜け出せるのか？　そもそも、そんなことが可能なのか？　そうした疑問をもった読者のために、ものごとを見て、探索して、新しいものを発見する能力を高める方法を3つ挙げよう。

①素朴な問いかけをする　関係者の意見を聞くときは、問いを発すること。ものごとの核心を突き、根本的な目的やニーズを明らかにする素朴な問い、要は新人が発するような問いを投げかけよう。新人に相談して問いを考えてもらってもいい。

②過去をすべて「消去」する　仕事を一定の期間単位で考え、その期間が終わった時点で勝利か敗北かをはっきりさせたら、あとは過去をすべて「消去」する。実績というお荷物を降ろして、再び新しいスタートを切れるようにするのだ。

③「モンキー・トラップ」を抜け出す

檻にバナナを入れておくと、サルはそれを取ろうとして中に手を突っ込む。檻の口は、サルが手を入れるには十分な大きさだが、バナナをもって手を引き出すには小さすぎる。だから、サルはバナナを握りしめたまま、この罠《トラップ》にとらわれてしまう。バナナを手放して手を引っ込めれば簡単に逃げられるのに、そうはしないのだ。あなたは、このサルのようになってはいけない。もっているものをすべて手放すことはない。たとえば、予算をゼロから考え直してみよう。あるいは「もし、心配しなくてはならない部下がひとりもいなければ、どう行動するだろう？　もし、自分がただの平社員だったとしたら？」と自問してもいい。

空港で搭乗予定の旅客機が遅れるとか、運航中止になるというアナウンスがあると、私たちは焦って航空会社のカウンターに駆けつけ、代わりの便を探してもらう。「預ける荷物はありますか？」。係員の問いに対して、もし身軽なら「ありません」と答えるだろう。すると、魔法の言葉が返ってくる。「では、別の便をご用意できます」。こういうケースに備えて、旅慣れた人の多くは軽装を心がける。なのにどうして、仕事の世界ではたくさんの荷物を抱え込んでいる人が多いのだろう？

ルーキー・スマートを築きたければ、重い荷物を捨てなければならない。荷物が少なければ少ないほど、周囲で起きていることが見えてくる。あたりを自由に歩き回り、驚きを感じ、目に入るものを楽しもう。そうすれば、きっと、新しい視点でものを見られるようになる。

【見知らぬ地へ旅に出よう！】

ノートン・ジャスターの『マイロのふしぎな冒険』（ＰＨＰ研究所）は、「怠け者の目覚め」を描いた作品だ。児童書ではあるが、大人にも通じる多くの洞察が詰まっている。

退屈な毎日を送っていた男の子マイロが、部屋にあらわれたおかしな料金所を通り抜けると……そこは不思議な別世界だった。マイロはその国で王様と巡り合い、命令を受けて、困難で危険な冒険に乗り出す。その任務には秘密がひとつあるのだが、それは使命を達成して戻ってきたときに教えようと、王様は言う。

そのあとマイロは冒険を終えて、意気揚々と戻ってくる。そして、秘密を教えてほしいと王様に言う。すると、こんな言葉が返ってくる。「この使命は、本当は達成不可能なものだったのだ。……それを最初に言えば、おまえは旅に出なかったかもしれない。だが、いまのおまえはよく知っているように、不可能だと知らなければ、実に多くのことができるのだ」

ときには、「知らない」ほうが「知っている」より好ましい。発明家のチャールズ・ケタリングの言葉を借りれば、「なにかを成し遂げるためには、ある程度の無知が必要だ」。状況がつねに変わる分野ではとくにそうだろう。

肉体を元気にしたい人が贅肉《ぜいにく》を削ぎ落とすように、知的に元気になりたい人は思い込みを捨てよう。過去をすべて消去し、行動を縛る要因を手放そう。制約を取り払えば、健全な懐疑精神がはぐくまれる。自分の知識を絶対視しなくなる。格言のごとく、「放浪する者がすべて迷子になるわけではない」のだ。

第2章のまとめ

- バックパッカーは、重荷がなく、失うものもないので、新しい可能性を見て、新しい世界を探索し、自分に正直に行動できる。
- 管理人は、多くの経験と輝かしい実績と成功体験をもっているため、現状維持に走る。

《思考パターンと行動パターン》

	ルーキー・スマートのモード ＝バックパッカー	ベテランの快適ゾーン ＝管理人
環境	頼れる経験もなく、守るべき評判もなく、失いたくない資源もない。	守りたい実績があり、傷つけたくない評判があり、失いたくない資源がある。
思考パターン	重荷を背負っていないので、自由に前向きに考える。	守るべき資源と応えたい期待があるので、自己防衛の意識がはたらく。
行動パターン	①新しい可能性を見る。 ②新しい世界を探索する。 ③自分に正直に行動する。	①勝手に限界を決める。 ②同じ道を歩きつづける。 ③地位に固執する。
結果	現状より高い場所に到達できる。昨日の模範的手法でよしとせず、新しい環境に適した新しい手法を見いだす。	過去と同じ方法で課題に取り組むので、現状を継続し、過去の状況に合わせた行動をとってしまうことが多い。

《バックパッカーになるための具体策》 以下の3つのいずれかをおこなえば、バックパッカーの精神をはぐくめる（詳しくは90〜93ページ参照）。

❶素朴な問いかけをする。
❷過去をすべて「消去」する。
❸「モンキー・トラップ」を抜け出す。

第3章 狩猟採集民になろう！

専門知識を集める

知識のなさを謙虚に受け入れる人ほど、熱心に知識を得ようと努める。
——イアン・テンプルトン卿（英エイコーン・キャピタル創立者）

サンフランシスコにある「シアターパブ」は、地元のインディーズ系の劇場だ。ここには、発掘されてメジャーデビューしたい野心の持ち主よりも、演じる楽しさを味わいたい人たちが集まってくる。出演料は、払われてもせいぜい交通費と公演後の飲み代程度。それでも、俳優たちは2週間の公演のために集まり、素晴らしい舞台にしようと努力する。終わったあとは散り散りになり、それぞれがまた新しい公演を見つけて、新しい仲間たちと相互作用を生み出す努力をする。

こうした俳優たちのなかに、ジャン・マーシュがいる。芝居が大好きなシングルマザーで、舞台の上でも日常生活でも、人間的な温かみとカリスマ性、それに知性を発散させている。夜は俳優だが、昼は臨時教員だ。だいぶ前、まだ子どもたちが小さかった頃、生計を立てるために始めた仕事だという。いまでは子どもたちもすっかり成長し、ひとりは物理学者に、もうひとりは小児科医になった。

ジャンが自分自身の将来を考えはじめたのは、子育てを終えたのがきっかけだった。芝居は好きだが、それで引退後の生活費が蓄えられるわけではない……。じっくり検討した末に出した結論が、中学校の数学と理科の教員免許取得だった。実は、大学では化学を専攻するつもりだったが、数学で苦戦して休学していた。大学に戻ったのは出産後のことである。子どもを寝かしつけたあと、夜中まで数学と物理学の勉強に励んだ。真剣に数式を解く日々をおくり、Dマイナスだった成績はついにクラスのトップになった。だが結局は、化学ではなく、演劇を専攻することにしたのだった。

あれから数十年。再びルーキーになったジャンは、正教員の資格を得るためのオンライン・プログラムに登録した。資格取得のためには、英語、アメリカ史、保健、数学、統計学を受講しなくてはならない。まず、統計学からとりかかった。いくら数字に強いといっても、この25年間はセリフとト書きの世界で生きてきた。学校を離れて、正式な教育と無縁の生活をおくるようになって約30年になる。それに、スマートフォンとオンライン指導による学習は、まったくの新世界だった。不安だったし、舞台で緊張する役者のように気おくれしてもいた。

ジャンはフェイスブックなどで、そんな気持ちを友人たちに打ち明けた。最初に投稿したメッセージは、彼女が直面したギャップを如実にあらわしている。

――グラフ電卓なんて、昔、私が数学を勉強したときにはまだ発明されていなかったわ。まさに、

——素晴らしき新世界……。

それでも、不安にさいなまれながら計画を立て、行動を起こした。サポート体制をつくり、勉強を教えてもらえる場も見つけた。「統計学入門」という手ごわい敵を本気で倒しにかかったのだ。その後9週間、受講期間中のフェイスブックへの投稿を見ると、彼女が次第に活路を見いだし、計画が実を結びはじめたことがわかる。

——この2週間、統計学の宿題に苦しめられていることは書いたわよね？ でも、ようやく反転攻勢。もう少しで攻略できそう……。やりつづければ、ものごとはだんだん簡単になってくる。対象が変わるからではなくて、自分の力が高まるから。エマソンやハーバー・J・グラントもそう言ってる。

大学に通っていた若い頃と異なり、ジャンはひとりで苦闘する代わりに、各分野に明るい人たちに助けを求め、サポートネットワークを築いていった。近くの大学で無償指導を受けられると知ると、毎週通うようにもなった。舞台や教会やフェイスブックの友達は、心強い応援団になってくれた。次の投稿は、そうした友人たちを歓喜させた。

——統計学の中間試験で95点とったのよ！　信じられない！　なんていうか……嘘みたい。ほっとしたわ。

——1カ月後には、こんな投稿があった。

——フェイスブックの応援団のみなさんへ。統計学の（試験監督者つきの）期末試験で満点をとりました！　めちゃくちゃうれしい。

——6週間後には、非常に重要なカリフォルニア州教職学科試験（CSET）の多教科テストを受験し、その結果をこう書き込んだ。

——信じられる？　CSET多教科テストの3部門全部に合格！　やった!!

——ジャンは、手ごわい統計学ばかりか、この学期に受講した全科目でAをとった。そしてさらに数カ月後、すべてを終えた。

——6カ月で37単位とったわ。授業の課題、実習前研修、模擬授業、すべて終わり。6カ月でやっ

――たのよ。信じられない！

「神のご加護があれば、なんでもできる」と言う信仰心篤《あつ》いジャンは、いま教育実習を終えて、資格の正式認定を待っている。

彼女のように、知識がなくても自分をよく知っていて、頼れる人がいるルーキーは、猛烈なペースで学習し、知識の獲得に関して「5倍効果」（117ページ参照）を生み出せるのだ。

【「現地旅行ガイド」から「狩猟採集民」へ変わるために】

現代社会には、「エコー室症候群」とでも呼ぶべき〝病気〟が蔓延している。「エコー室」とは、周囲の環境を調整し、自分の意見や主張に賛同する声だけがエコー（こだま）のように返ってくる状況をつくることを指す。たとえば、視界に入る情報を自分の考えを補強するものだけに限定し、リラックスして情報を読み、「いいね！」を押す。それは快適な生き方かもしれないが、深い罠でもある。

〝病気〟はほかにもある。出張であちこちを飛び回る多忙なビジネスパーソンがかかるのは、「地理健忘症」だ。この病気の人は、自分がいま身を置いている世界をまったく意識しない。どの都市にいようと、どの空港やホテルや会議室にいようと関係ない。スマートフォンさえあれば、どこにいても次にとるべき行動がわかるし、次の目的地への行き方もわかるからだ。なにも考えずにスマートフォンの指示に従い、通りの名前すら確認せずに右折や左折を繰り返す。通行人に道案内を乞う必要もない。スマートフォンがあまりに賢いせいで、ものを聞く力も、ものを見る力も、そして言葉も失っているのだ。

仕事の世界でも同じだ。私たちは慣れたやり方や手っ取り早い方法に頼り切り、正解をすべて知っているかのように錯覚しがちになる。そうなると、問いそのものが変わっていても気づかない。とくにベテランは、「エコー室」に閉じこもり、小さな町の地元民のようにふるまいやすい。頭の固い年寄りが行きつけのコーヒー店に集まり、なじみの仲間たちと20年前から同じ会話を繰り返す――そんな感じだ。この状態になると、私たちはなんでも知っていると自信満々になり、他人に質問したり、導きを乞うたりしない。昔ながらの考え方が絶対的な地位を占め、新しい考え方や情報ははね返される。町で変化が起きていても、へたをすると凶暴な敵が迫っていても気づかない。

このように「自信」が「過信」に変わった人には、次のような傾向がある。

①知っている情報を補強するデータばかり探す　人間は、ものごとにパターンを見いだそうとする生き物だ。自分の経験に基づいて、世界はこういうものだという理解を築いていく。その理解と矛盾するデータは無視したり、軽く片づけたりする一方、発見したと思っている情報は裏づけに努める。その結果、さまざまな意見にふれられなくなる。ハーバード大学教育学大学院のリサ・レ

イヒーはこう述べている。「強力な思い込みを無批判にいだくと、その思い込みを補強する情報にばかり目が向くようになる。それに反する情報をわざわざ探したりはしない。正しいと信じて疑わないから」

②「同族」のなかに閉じこもる　人間の善良な部分は多様性の価値を信奉しているかもしれないが、その一方で自分と似た人を好むのも事実である。それが現実だ。似た者同士は、互いに引き寄せ合う。カンザス大学のクリスチャン・クランドールは、人々がどのように友を選ぶかを研究してきた。いくつかの大学のキャンパスでおこなった大規模な実験によると、学生集団の規模が大きいほど、学生たちは自分と似た人と友達になる確率が高いことがわかった。集団が大きければ、それだけ友達のえり好みがしやすくなり、自分と考え方の似た人物を選びがちになるのだ。

これとは反対に、自分と似ていない人に対しては、脳が「他人警報」を発する。この生理的反応の違いは際立っている。アドリアナ・ジェンキンズとJ・P・ミッチェルの研究が明らかにしたように、価値観や性格、経歴や生育環境が自分と同様だと思う人物と接するとき、私たちの脳は共感に関わる部位（前頭前野内側部）が活性化する。自分と似た人に会うと、文字どおり脳にパッと明かりがともるわけだ。だが、異質だとか奇妙だと感じる人と接するときは、この部位の活動に変化は見られない。

たしかに、自分と似た人とだけ接するのは心地よい。しかし、なじみのあるものだけに囲まれた世界にはまり込むと、視野が狭まってしまう。正面90度の視野しかなければ、広大な死角から不意打ちを受ける可能性がある。今日のビジネスを生き抜くためには、360度の視野が不可欠だ。

③自分の知識をそのまま拡散する　自分のものの見方を揺るがす情報に接しない人は、おうおうにして、自分の考え方をそのまま発信する。新しい情報に合わせて考え方を修正することがない。これは、中世のヨーロッパの城壁に設けられた「矢狭間《やざま》」に似ている。ぶ厚く頑丈な城壁に設けられた矢狭間は、城壁の外側は細い切れ込み程度の隙間しか開いていないが、内側は広く開いている。そのため、城外から矢が入ってくるのは難しいが、城内からは簡単に射ることができる。多くの専門家や上級幹部も、こんなふうに情報を発信・受信しているのだ。

この問題について、第2章で紹介したステファニー・ディマルコが、みずからの経験を振り返って次のように語っている。「成功した人にとっては、アドバイスを受け入れるより、他人にアドバイスをするほうがずっとたやすいのです。そのほうが楽だし、魅力的でもありますから」

▼現地旅行ガイドの典型例

学習と人材開発の分野で25年の経験をもつアンドレスは、あるグローバルなNGOの研修チームの中核を担っていた。同僚たちからは、「究極の個人指導教師。素晴らしい人物。すぐそばにスミソニアン博物館があるみたいに頼もしい」と評価されていたが、その半面、自分の殻に閉じこもり、腹が読めないとも言われていた。

あるとき、アンドレスは、有能な人材を対象にした研修プログラムの作成を任された。そこで、プログラムの設計チームを組織し、研修の専門家と多くの利害関係者をメンバーに加えた。

しかし、いくらチームをつくっても、彼の考え方の根本が変わっていないことはだれの目にも明らかだった。「私が専門家であり、プログラムの設計者だ。この課題を実行するには正しいやり方がある。そのやり方を知っているのは私だ」という発想である。ある同僚に言わせれば、「教科書どおりのやり方で臨もうとしていた。過去の経験に基づいて、自分の頭のなかで決めていた」。メンバーを集めて話を聞き、一部の助言は受け入れたものの、ほとんどは聞き流したという。

あとは「缶詰モード」に入るだけだった。ひとりで知恵を絞り、企画書をまとめた。見事な出来で、専門的に見ても手堅いものだった。アンドレスはそれを配布し、感想を求めた。だが、ある人物は「感想は歓迎されていない」と気づいた。事実、メールで送られてきた文書ファイルはパスワードで保護されていて、書き加えたり、修正したり、コメントを記したりすることはできなかった。すべては、アンドレスが自分の考えを伝達し、知識を披露し、すでにくだした決定への承認を得るプロセスに過ぎなかったのだ。

続いて、アンドレスは研修講師のチームをつくり、計画を説明し、一人ひとりの役割を言い渡した。こうしてプログラムが実行に移されたが、参加者による評価はせいぜい可もなく不可もなくといったところだった。満足した参加者もいたが、不満を感じた人のほうがずっと多かった。ある同僚はこう述べている。「言ってみれば、ひとりでコラボレーションをしていたわけです。意見は聞くけれど、それについての検討はすべて自分ひとりでおこなっていたのですから」

▼狩猟採集民の典型例

もうひとりの例を見てみよう。子どもたちを救う活動をしているグローバルなNGO、ワールド・ビジョンで働くアンのケースだ。アンは非常に聡明で、問題解決能力に長けており、さまざまな現場で13年にわたる経験を積んでいたが、ワールド・ビジョンに採用されたとき、リーダー育成は未知の分野だった。それでも採用担当者は、アンの強い好奇心と思慮深く内省的なスタイル、そして研修部門も含めた幅広い分野の実績を評価して採用した。

新しい職場に移ったアンは、すぐに仕事にとりかかった。右も左もわからなかったが、固まって身動きできなくなることはけっしてなかった。むしろ、知らないことが多かったため、怖いもの知らずで行動できた。専門家だというふりをしなくても、同僚たちはすぐに、彼女がリーダーで責任者であることに納得した。

アンは、自分が答えをすべて知っているなどと思い込まなかった。代わりに、「どういう選択肢があるのか?」「私より知っているのはだれなのか?」「その人たちから何を学べるのか?」といったことを徹底的に問いかけ、有益な情報をもたらせる人物をチーム内で探しはじめた。「大勢の人に片っ端から大量の質問を浴びせていた」と上司は言う。なぜ、これが重要なの? どういう結果になれば、成功したと言えるの? あなたはどういう結果が望ましいと思うの? あなただったら、どのようにその目標を目指す? 自分がやるとすれば、どこから手をつける?……

さらに、リーダー育成プログラムに参加しそうな人たちにも話を聞き、要望を尋ねた。そうやって質問を重ねるうちに、自然と人々に支持されはじめた。

アンは、集めた情報をもとに素早く案をまとめると、同僚や参加候補者に意見を求めた。その原案は完璧とは言えなかった。上司も言う。「60~70%程度の完成度だった。でも、『これが現時点で私の考えていることです』と言って案を示し、すぐにコメントを求めた」。しかも、ぐずぐず待ったりはしなかった。「週末に検討したいので、それまでにご意見をお聞かせいただけないでしょうか」と呼びかけたのだ。

こうして計画に修正を重ね、ついに試験プログラムを実施できるところまで練り上げた（このプログラムは、対面だけでなく、オンライン上でもバーチャルに参加できるようになっていた。途上国で活動する多くの組織にとって、これはきわめて重要なポイントだ）。ふつう、試験プログラムを受け入れてくれる部署の確保には苦労するものだが、このときは違った。設計段階から相談されて協力してきたリーダーたちは、新しいプログラムに前向きだった。多くの部署が試験プロジェクトの受け入れに名乗りを上げた。講師や進行役を務めたがる人も増えていった。アンは、利害関係者に質問し、意見を採用することを通じて、知恵袋になってくれるブレーンの規模を大幅に拡大させたのだ。

新人は役立たずの木偶《でく》の坊のように思われがちだが、実際はまったく違う。ルーキーは経験豊富なベテランよりずっと自分の状況をよく理解し、足りない点もわかっている（私たちの調査によれば、自己理解のレベルはルーキーのほうが2・5倍高かった)。

▼ハプニング続きの旅の果てに……

知らないことだらけで、しかも謙虚なルーキーは、強い警戒心をいだいて行動する。

たいていの人は、はじめて外国を訪れたときのスリル(あるいは恐怖)をありありと覚えているだろう。私がはじめて外国を旅したのは25歳のとき、オラクルのルーキーだった頃だ。序章でもふれたように、新米マネジャーに与えられた任務の第2幕として、私はオラクル大学を世界に広げるよう命じられた。もっとも最初の時点では、ヨーロッパ各国の現地責任者とコネを築こうという方針しか決まっていなかった。私は、1カ国につき2時間の打ち合わせをおこなうことにし、1カ国を1日で済ませるという無謀な計画を立てて出発した。

ところが、2カ国目のオランダのユトレヒトで油断し、駅で子どもたちのグループに財布を奪われてしまった。幸い、いざというときのための100ドルと真新しいパスポートは別の場所に隠してあったが、それでも大痛手だ。緊急クレジットカードは発行してもらえたが、それが使えるのはホテルだけで、それ以外は現金が必要だった。すべてのタクシーでクレジットカードを使える時代でもなかった。強行軍の旅程を考えると、アメリカから送金してもらう時間はない。そうかといって、知り合ったばかりの現地の同僚にお金を貸してほしいなどと頼んだら、第一印象が台なしだ。

困り果てた私は、きわめてシンプルな結論に達した。訪問先はあと3カ国。したがって、1カ国当たり25ドルで済ませるしかない！　現地通貨への両替費用も、この予算内でまかなう必要がある（この頃のヨーロッパは、国ごとに別々の通貨を使っていた）。

お金がないから、タクシーは使えない。仕方なく、公共交通機関の使い方に知恵を絞り、重たい鞄を抱えて地下鉄を乗り降りし、食事も安く済ませた。あらゆる情報を調べあげ、つねにだれかに教えを乞うた。これ以上、大きな失敗をしたり、不運に見舞われたりすることは許されなかったからだ。その日をどうにか25ドルでやりくりし、ようやくオランダで勝手がわかってきた頃には、もうフランスに発つ時間になっていた。疲れていたし、空腹だったし、とてもみじめな気分だった。

パリのシャルル・ドゴール空港に着き、ホテルで一泊すると、翌朝パリのオフィスを訪ねた。面会を終えると、移動のために空港へ急いだ。ところが、乗る予定の飛行機はシャルル・ドゴール空港ではなく、パリのもうひとつの空港、オルリー空港から飛ぶことがわかった。パリに空港がふたつあるなんて知らなかった。余分なお金はまったくない。またも、いろいろな人たちに必死で助けを求めた。とびきり親切な男性が私のへたなフランス語を大目に見て、一生懸命手伝ってくれた。おかげで、ふたつの空港を結ぶ低運賃のシャトルバスが見つかり、無事に飛行機に乗れた。

次の行き先はスペインだった。マドリードのラフロリダ地区にあるオラクルのオフィスに着くまでに、バスを三度も乗り換えなくてはならない。それなのに、最後の乗り換えの前、次に乗るバスがわからなくなってしまった。たどたどしいスペイン語で老婦人に助けを乞うた。婦人は市場に行く予定だったようだが、途方に暮れている私を見かねて、手を引いてバスを降り、次に乗るべきバスが来るまで一緒に待ってくれた。そして、正しいバスに私を乗せると、運賃を支払うのを手伝い、手を振り、私を安心させるようにうなずいて見送ってくれた。目的地に着いたのは、約束の時間の5分前。オフィスを訪ねる前に、額の汗をぬぐうのがやっとだった。

マドリードの次はドイツのミュンヘンで、着いたのは夜の10時半だった。夜遅かったので、最後の25ドルをドイツマルクに両替できなかった。それでも、親切な男性がバス代を払ってくれて、町の中心広場まで行くことができた。そのあと、広場で30分間必死に探しつづけた末に、ようやくスペインの通貨ペセタで運賃を受け取ってくれるタクシーが見つかった。

真夜中にホテルに着くと、予約していた部屋がキャンセルされていて、空いていた唯一の部屋に泊まることになった。そこは特別室だった。お酒をつくるバーと、ディスコ用のミラーボールはあったけれど、バスルームはなかった。それで翌朝、下の階のスパでシャワーを浴びる羽目になったのだが、そのスパは活気があり、大勢の人が集まっていて、大きな屋内プールとマッサージ室、そして素敵なサウナまであった。

ミュンヘンのスタッフとの打ち合わせを終えたあと、私は誇らしい思いだった。なにしろ、たった100ドルで4つの国を旅し、一応はきちんとした身なりで打ち合わせをこなし、一度も遅刻しなかったのだ。その1週間ではじめて深い安堵のため息をついた私は、サウナでリラックスすることにした。

しかし、最後の最後にうっかり警戒を怠った。私はサウナに入ったとたん、疲労のあまり崩れ落ちるように椅子に身を沈めた。10分ほどたって、男性5人組が入ってきてそばに座った。そのとき、衝撃の事実に気づいた。ここは女性用サウナではない！　私の反応を見て、男性たちは私が地元の人間でないとわかっただろう――

もう25年近く昔の話だ。でも、マドリードのバスで助けてくれた老婦人がどんな服装をしていたかを忘れていないし、ミュンヘンのバスの車体がブルーだったこと、タクシーが薄茶色のメルセデス・ベンツだったこと、泊まったホテルが繁華街のホリデイ・インだったこともありありと覚えている。当然だ。私は過酷な5日間、神経を張りつめ、あらゆることに目を光らせていた。遭難した船乗りさながらに、目的地にたどり着くために役立つ情報を抜け目なく探し、すべての人物に注意を払って、途方に暮れた新米旅行者を助けてくれそうな人を見つけようと必死だったのだから。

テクノロジー新興企業のCEOであるライアン・ウォンは、「人の老若を年齢で考えることの愚かさ」と題した愉快なブログ記事を書いている。「世界のどこかで地下鉄の駅から地上に出て、その瞬間、驚きと畏れの感覚が頭にどっと押し寄せてくる――あなたがそんな経験をしたのは、最近ではいつだっただろう？　私はニューヨークをはじめて訪れたとき、それを経験した。どこかの都市をはじめて訪れると、いつもそういう経験をする。私は、人生のあらゆる場面でその種の経験を求めている。驚きを感じる機会が多ければ多いほど、世界のことを、そして世界が自分に与えてくれるもののことを知る機会は多くなる」

【狩猟採集民の3つの特徴】

狩猟採集民は、大自然のなかで動物を狩ったり植物を集めたりして、つねに移動しながら生きてきた。地球上のすべての人間がそうだった。それを変えたのが農業の誕生だ。農業の始まりによって、人々は決まった場所に定住しはじめた。狩猟採集社会では関心が外に向き、資源を獲得することが重んじられていたが、農業社会では関心が内向きになり、所有する資源の管理と維持に重きが置かれるようになった。

だが、ルーキーは、いまも狩猟採集民モードで行動する。資源や専門知識をもっていないので、それを守る必要もないし、それに頼ることもできないからだ。ワールド・ビジョンのアンの上司は、「(アンは)役に立つ情報や専門知識を大してもっていなかった」と述べている。だからこそ、彼女は自分の外に目を向け、組織内をくまなく探して情報を採集し、専門家をハンティングした。そして、獲得したものを持ち帰り、手がけているプロジェクトを前に進めるために活用した。

狩猟採集民モードのルーキーには、次のような3つの特徴がある。

▼行動❶とりまく世界を精査する

情報を素早く知恵に転換するためには、まずデータの収集から始めなければならない。しかし、自分の知識が不十分だという自覚のない人は、新しいデータを集めようとしない。古代ギリシャの哲学者エピクテトスが言うように、「すでに知っていると思っていることを学ぼうとする人はいない」からだ。実際、私たちの調査でも、自分が学ぶべきことがあると思っている人の割合は、ルーキーのほうがベテランより2倍も多かった。

実例を示そう。法人顧客向け広告の専門企業ジャイロは、あるときスコッツマン・アイス・システムズの広告キャンペーンの設計を依頼された。スコッツマン社は、キューブ状、フレーク状、ナゲット状の氷をつくる業務用機械のメーカーだ。

ジャイロ社はまず、ベテランのチームにこの業務を任せた。するとそのチームは、きわめて標準的なプランをまとめた。業界紙に広告を載せ、パンフレットをつくり、キャンペーン用のウェブサイトを立ち上げ、見本市への出展をサポートし、PR関連の取り組みを強化するといった内容だ。一方、これとは別に、新人のチームにもアイデアを考えさせた。このチームのなかには、社内の有望な若手に研修の機会を与える「ジャイロ・アカデミー」のメンバーも含まれていた。

ルーキーたちは、過去に成功を収めてきた定番のやり方ではなく、インターネットを駆使して、人々が氷についてどのようなことを述べているかを調べはじめた。そして、フェイスブック上に「氷愛好家」なるコミュニティが存在しているのを見つけた。このコミュニティでは、ガリガリ噛んで食べられるナゲット状の氷が絶賛されていた。まさにスコッツマン社の機械でつくれる氷だ。そこで彼らは、ナゲット状の氷（＝ナグ）を前面に押し出し、「ラブ・ザ・ナグ」と銘打ったキャンペーンを展開した。すると、キャンペーンのフェイスブックページには4万もの「いいね！」が集まり、ファンは近所に「ラブ・ザ・ナグ」のトラックが来ると喜んで迎えるようになった。

ジャイロ社のワールドワイド・プレジデントを務めるリック・シーガルは、こう述べている。「最初は機械の性能をアピールする方向で進んでいたんだが、新人たちの新しい発想のおかげで、消費者に熱く支持される氷をつくる機械を導入しようと呼びかけるキャンペーンに転換した。こんなアイデアをだれが思いつけただろう？」

多くのデータを集めるにせよ、社内のさまざまな部署のメンバーと結びついたり、インターネット上でファンと結びついたりするにせよ、外の世界に開けた姿勢はルーキーの強みである。

▼行動❷専門家を探す

私たちの調査によれば、ルーキーが他人に助けを求める確率は、ベテランの4倍に達する。アップルのスティーブ・ジョブズもそうだった。彼はみずからの成功の要因について語った際に、つねに他人に助けを求めてきたことの重要性を指摘している。

以下に紹介するのは、シリコンバレー歴史協会のインタビューでジョブズが語った内容だ。

ほとんどの人はこのような経験をしない。他人に助けを求めようとしないからだ。私は人に助けを求めて断られたことがない。……（ヒューレット・パッカードの）ビル・ヒューレットに電話したのは、12歳のときだった。当時はパロアルトに住んでいて、まだ電話帳に電話番号が載っていたんだ。

「もしもし」と、本人が電話に出た。私は「こんにちは」と挨拶した。「ぼく、スティーブ・ジョブズといいます。12歳です。周波数カウンターをつくりたいんですが、あまっている部品をいただけないかと思って電話しました」。すると、彼は声を上げて笑い、部品をくれただけでなく、その夏にヒューレット・パッカードの組み立てラインで働かせてくれた。周波数カウンターを組み立てる仕事だった。天にも昇る心地だったよ……

ほとんどの人は、だれかに助けを求めることをしない。なにかを成し遂げる人間と、いつかなにかを成し遂げたいと夢見ているだけの人間の違いは、こういうことだったりする。


自分に正直に生きることとの最大の効用は、みずからの弱さを受け入れられること——ヒューストン大学のブレネー・ブラウンは、「弱さ」に関する魅力的な研究のなかでそう指摘している。ブラウンによれば、弱さを受け入れるというのは弱さを露呈することではなく、勇気をもってオープンに助けを求めることを意味する。しかし、成功している人の多くは、弱い存在になることを恐れて助けを求めたがらない。

アメリカ国立老化研究所のアンジェリーナ・スーティンと、同研究所、コロラド大学デンバー校、ジョンズ・ホプキンズ大学の研究者たちの共同研究によれば、自分が弱いと感じている人ほど、手にしている名声と所得が少なく、興味深いことに、仕事に対する満足度も低いという。対照的に、失うものがなにもないルーキーたちは、自分が弱いと自覚しているからこそ、他人に助けを求め、専門家の力を借りる。積極的に導いてもらい、足りない点を補ってもらおうとする。

刑務所経験のある若者のための画期的な寄宿学校を設立した、ジェーン・ウィルソン・ミッチェルとジェン・ポーター・アンダーソンもそうだった。ジェーンは元弁護士の教育者。ジェンはハーバード・ビジネススクールを卒業したばかりで、以前は、社会的事業への資金提供と経営支援をおこなうベンチャー・フィランソロフィー団体で働いていた。ふたりとも、学校のマネジメント経験は少ない。学校運営団体の「リセット財団」を築いてきた過程について、彼女たちは次のように述べている。「私たちは専門家ではないけれど、だれが専門家かはわかっています。私たちはそういう人たちと知り合いになり、学習し、アドバイスを求めているのです。思いがけない場所で答えを見つけ、それを受け入れる姿勢は大切です」

ルーキーはベテランに比べて、専門家の知識を求めるケースが4割も多いうえに、ルーキーのほうが大勢の専門家に話を聞こうとする。この調査に回答したマネジャーたちによれば、ルーキーが平均6人の専門家に相談するのに対し、ベテランは平均1人の専門家にしか相談しない。6倍もの違いがあるのだ。

だが、興味深いことに、自己評価ではこの差が3倍に縮まる。ベテランたちは、実際以上に他人の助言を求めているつもりでいるからだ。この自己評価も考慮に入れて、私たちはルーキーとベテランの差を5倍と想定した。このいわば「5倍効果」は、「知らない」ことがもたらす恩恵である。

こうしたデータを知ると、リーダーは考え込んでしまうかもしれない。ひとりの専門家の知識すべてにアクセスできるのと、5人の専門家の知識に少しずつアクセスできるのと、どちらの価値が高いのか、と。もし多くの知識を得たいのなら、ルーキーに仕事を任せ、きみが答えを知らなくてもいいのだとはっきり伝えるといい。そして、知識をもっている人を探して話を聞くよう促すのだ。そうすれば、さまざまなアイデアと問題解決策を得られるだろう。既存の「正解」にとらわれず、目の前の問題により適したやり方を見いだせる可能性が高まるはずだ。

とはいえ、いろいろな人に声をかけて質問するルーキーは、ベテランにとって迷惑な存在にならないか？　あるいは、ベテランの時間とエネルギーが奪われはしないか？　質問攻勢で相手を疲れさせないか？　と思う人もいるかもしれない。私たちの調査によれば、その答えはノーだ。ベテランたちはアドバイスを求められることを容認しているばかりか、むしろそれを歓迎し、「弟子」を助けたいと思っている。どうやら人間には、メンター役を務める遺伝子が備わっているらしい。

前出のブライアン・ウォンも、ブログでこう書いている。「忘れている人が多いが、『教えてください』というひとことは、ほかのどんな言葉よりも多くのことに道を開く。この言葉ほど、謙虚さと相手への敬意、理解、好奇心を表現する言葉はない。でも歳をとると、教えてほしいと頼まなくなる人が多い。それは、自分は十分に知っていると思うからなのかもしれないし、相手から拒絶されるのが怖いからなのかもしれない。あるいは、物欲しげに聞こえることを恐れているのかもしれない」

教えを乞うことの大切さを示す実例を紹介しよう。

グローバルなコンサルティング会社BTSは、あるとき、グローバルなエネルギー企業から「戦略プランニングを手伝ってほしい」と依頼された。だが、この依頼はなかなか難しかった。新たな規制とグローバル規模の力学を前提に、ガソリンの相場、業界への影響、そしてカリフォルニアにおける収益を予測するアルゴリズムを構築してほしい、という内容だったからだ。依頼主のエネルギー企業は、そうしたアルゴリズムを自社で制作した経験がなかった。

このとき、BTSのフレデリック・シューラー副社長(「新しく、手ごわい課題」に挑むのが大好きな人物だ)は、自分たちにもそのような経験はないとはっきり伝えた。失敗する可能性があることを両社が理解したうえで、プロジェクトを進める必要があったからだ。しかし、本当は自信があった。プロジェクトのリーダーに打ってつけの人物に心当たりがあったのだ。それが、韓国系アメリカ人のディロン・リーだった。ミドルベリー大学を卒業して入社したのは3年前。スポーツマンのディロンは、課題に全力投球し、いざとなれば這ってでもゴールするタイプの若者だった。

プロジェクトのリーダーを務めた経験は一度だけで、まだ新人と言ってよかったが、ディロンは顧客のために結果を出そうという強い意志をもって、メンバーとともに課題に挑んだ。まずは、通常の手順どおり、利害関係者と各分野の専門家に話を聞き、コンセプトを考えた。とはいえ、メンバーの前では強気を装っていた彼も、ひとりになると、いったいどうすればいいのか途方に暮れた。

与えられた課題は、身の丈以上に手ごわいものに思えた。

その夜も、ディロンはパソコンのスクリーンを凝視していた。原油の供給ルートはたくさんあり、カリフォルニアにある精製所の数もたくさんある。原油の流れを予測する方法など、まったく見当がつかなかった。おまけに、複雑極まるガソリンの流通ルートには、結果に微妙な影響を及ぼす要素が無数にあった。ところが、問題をいくつかの要素に切りわけて考えていくうちに、ハッとひらめいた。クライアント企業のなかに正解を知っている人はいなくても、予測モデルの個々の部分に役立つ助言をしてくれる専門家ならいるかもしれない。

翌朝、真っ先にクライアント企業の担当者に電話し、社内の専門家のリストを用意してもらった。そして、一人ひとりと連絡をとって6人の専門家を選ぶと、データの収集を開始した。その後の道のりもけっして平坦ではなかったが、彼のチームはついに30万行に上るエクセルのコードを入力し、有効なモデルを築くことに成功した。それはまったく前例のないものだった。

もう時間がなかった。ディロンはすぐに専門家チームとともに実地テストに臨んだ。そして、専門家たちのコメントを反映させて修正を重ね、強力な予測モデルを完成させた。

こうしたルーキーはディロンだけではない。私たちの調査でも、磁石のように多くの専門家を引きつけ、その力を借りて新しい難題を解決したルーキーが大勢いた。ひとりのベテランに任せれば、その人ひとり分の知識しか活用できないが、聡明なルーキーに任せれば、専門家のチームを動員できる。その知識の増幅効果は一般には5倍程度かもしれないが、謙虚なルーキーが貪欲に知識を獲得しようと努めれば、それが25倍に達しても不思議ではない。

▼行動❸大勢の協力を得る

傑出したルーキーは、大勢の人の協力を得ることにも長けている。コンサルティング、テクノロジー、アウトソーシングの分野で世界屈指の企業であるキャップジェミニで取締役を務めるピエールイブ・クロは、それを目の当たりにした。

ピエールイブは、ポール・エルメランCEOの強力な後押しを受けて同社のインド進出を果たし、2013年の時点で従業員5万7000人を擁するまでに成長させた人物である。その経験を通じて彼が知ったのは、インドには莫大な数の人がいるだけでなく、みんなで協力して問題を解決するためのアイデアと強い意欲の持ち主がいるということだった。

あるとき、ピエールイブはいつものようにインドのムンバイを訪れ、現地オフィスにいる360人の職員たちと対話集会に臨んだ。ある重要顧客に関して深刻な問題を抱えていて、プロジェクトの予算も期限もオーバーしそうだったにもかかわらず、パリの本社では解決策を見いだせずにいたからだ。ピエールイブはその集会で現状を簡単に説明し、まだ解決できていないことを打ち明けた。

すると、20代半ば（このオフィスにはこれくらいの年齢のスタッフが多い）のエンジニア兼リーダーのサリルが手を挙げた。「もっと詳しく聞かせてもらえませんか？」

説明を聞いたサリルと仲間たちは、まだ集会が終わらないうちに早くもてきぱきとデータを集め、選択肢を検討しはじめた。続いて、社内に意見交換用のサイトを設け、問題解決に貢献できそうな20人ほどの協力者のネットワークを築いた。そのメンバーは、上級幹部や経験豊富なコンサルタントではなく、現場の一般社員たちだったが、全員が強い仲間意識に牽引されて、力を合わせて解決策を探りつづけた。しばらくの間は自由に意見を出し合っていたが、有効そうなアイデアが浮上すると、一気に具体化していった。

そして翌日、ムンバイの夕日が沈む頃、サリルたちはすべてを終えた。ピエールイブがロンドンに戻り、オフィスに着いたときには、解決策をまとめた文書ファイルがメールで届いていた。インドの若きエンジニアと、その旗振りで瞬時に集まったメンバーたちがやってのけたことに、感嘆せずにいられなかった。現在、キャップジェミニ・グループの全世界における最高事業開発責任者を務めるピエールイブは、こう振り返る。「(インドの面々は)実に素早く、そして柔軟に行動しました。単に解決策を論じるだけでなく、即座に問題を解決してみせたのです」

サリル自身が答えを知っていたわけではない。しかし、彼はもっと価値あるものを知っていた。それは、人的ネットワークにアクセスする能力だ。しかも、ネットワーク内の人に相談しただけでなく、聡明で有能で前向きな協力者たちを動かして解決策を導き出したのである。

複雑な環境で成功するのは、最も多くの人の頭脳を活用できる組織だ。たとえば昨今では、組織内や専門家主導の問題解決に代わる有効な選択肢として、クラウドソーシングの存在感が高まっている。法人向けのクラウドソーシング支援を手がける企業の売り上げは、2009~10年に53%、

10〜11年には74%増加した。

また、2011年に設立されたメイクセンスという団体は、社会起業家のネットワークを急速に拡大させている。このネットワークを通じて、世界を変える「ギャング」を自任する社会起業家たちがワークショップに集まり、地域の重要な社会問題を解決するために素早く協力し合っているのだ。

こうしたネットワークでは、目の前の問題のためにメンバーが集まり、力を合わせて解決して、目的を達したあとは解散するケースが多い。しかし、永続的な学習コミュニティの形をとる場合もある。第1章で紹介したナイキの「ニュー・クルー」は最初、幹部チームがナイキの未来を構想するのを助けるために集められたが、のちに常設化され、若い社員が（本来の業務と並行して）交替で1年間メンバーに加わるようになった。彼らはナイキに新しいアイデアを注入し、全社に前向きなムードを広げる役割を担いつづけている。

【狩猟採集民になるための具体策】

あなたは、サウム・メイサーをご存じだろうか。彼はコンピュータ大手ヒューレット・パッカードの最高情報責任者（CIO）のひとりで、業界でも有名な専門家でありながら（コンピュータワールド誌が選ぶ「100人のCIO」のひとりにも選ばれた）、狩猟採集民の思考パターンを保持している。モットーのひとつは、「『知りません』と言うことを恐れない」だ。「知りません」は学習の始まりだと信じているからであり、だれかから新しい知識を得れば、その知識をさらに10人に伝えられるからでもある。

テクノロジーが急激に変化し、新しい可能性が次々と開ける時代になって、サウムはこのモットーを実践する機会が増えたように感じるという。とくに、ビッグデータ分析の世界はその傾向が強い。この分野では、わかっている事実から出発するのではなく、わかっていないことから出発するからだろう。

最近、サウムは業界のイベントでビッグデータに関する講演を依頼された。大切にしていることと重要な視点について話してほしい、とのことだった。このとき、彼は過去の講演のスライドを使い回して、自分の言いたいことを一方的にまくし立てたりしなかった。代わりに、聴衆に質問を投げかけた。不評ではないかと恐れていたが、杞憂だった。聴衆は率直なアプローチに喝采をおくり、話に引き込まれた。主催者は、2日間のイベントのなかで最高の講演だったと言った。それだけではない。質問を投げかけたことにより、サウムは自分と同じような難題に直面している人たちと親しくなれた。彼らはすぐにコミュニティを形成し、それまで気づいてすらいなかった問いの答えを見つけはじめた。「『知らない』ことには、ネットワークを広げる効果があるのです」と、サウムは言う。

世のリーダーの多くは、その組織における知のリーダーであらねばならず、問題に対してもすぐに答えを示せなくてはならないという重圧を感じている。しかし、いざ役割を逆転させて、答えを求める側に回れば、ルーキー・スマートを強化し、よりよい結果を出せるのだ。

私は数年前、ある最新鋭の会議施設でセミナーをおこなったときに貴重な経験をした。

会場は2階建てで、天井近くには調整室があった。そこで技術者たちがオーディオ・ビジュアル（AV）の調整をしているのだが、休憩時間にそのひとりが降りてきて、私に声をかけた。数カ月前に私が同じ会場でおこなったセミナーのときもいて、その日に私が参加者に与えた課題に興味をもったという。

「究極の質問」というその課題は、参加者がコメントをせずに、問いかけだけをするというものだった。くだんのAV技術者は、自分も家で幼い子どもたちを相手にやってみたところ、自分たち夫婦の子どもたちへの接し方が根本から変わったと言った。それを伝えたくて、わざわざ声をかけてくれたのだ。

うれしくなった私は、「会場に集まっている企業幹部たちの前で、あなたの経験を披露してもらえない？』と頼んだ。幸い、驚きながらも同意してくれた。セミナーが再開されると、男性はステージの中央に立ち、私からマイクを受け取った。そして照明がつき、マイクがオンになると、驚きを隠せない聴衆を見回し、ぎこちない沈黙のあとで声を発した。「すっごい。いつも調整室から見ているのとは、まるで景色が違う」

そのあと、この若き技術者にして非凡な父親は、会場を埋めた企業幹部たちにリーダーシップと学習について力強い教訓を伝えた。彼は、私にも別の教訓を与えてくれた。それは、「人はときに視点を大きく変える必要がある」という教訓だ。いつもの調整室から下に降りた彼のように、私たちもテーブルの上座や幹部用の個室の居心地のいい椅子から離れてものごとを見たほうがいい。リーダーは、末端のメンバーの言葉に耳を傾け、そこから学ぶべきなのだ。

以下に、視点を変えて新しい情報源から学ぶために役立つ手法を挙げておこう。あなたの頭脳の窓を開け放つのに有効なのはどれだろう？

①ルーキーだった頃の自分を思い出す　時空を超えて、はじめて仕事に就いたときに舞い戻ろう。そのとき、あなたはどのように感じ、行動し、仕事にアプローチしていただろうか？　そうやって得た気づきをもとに、仕事の仕方を刷新し、若い社員へのリーダーシップを磨いていこう。

②専門家のアドバイスを求め、専門家のネットワークを築く　今度、自分の専門分野の課題に取り組むときは、すぐに問題解決に乗り出したいという誘惑を振り払い、少なくとも5人の専門家に質問しよう。そして、その新しい専門知識をもとに、目の前の課題に臨もう。新しいパターンを見いだせるまでは、専門家に質問しつづけること。

③部下にメンタリングをしてもらう　学習における役割を逆転させて、自分の考えや知識を部下に授けるのではなく、自分より若く経験も少ない人にメンタリングを乞うのもいい。彼らに、新しいアプローチやテクノロジーについて、顧客や従業員の実際について教えてもらおう。

④見知らぬ人と話す　「エコー室」による情報のゆがみは消すにかぎる。情報のフィルターを取り除き、自分とは違う考え方を検討しよう。たとえば、いつもリベラル寄りのニューヨーク・タイムズ紙を読んでいる人は、大企業寄りのウォール・ストリート・ジャーナル紙を読んでみてはどうだろう？　２０１３年にノーベル経済学賞を受賞したロバート・シラーの言葉を借りれば、「それは、別の宗教を熱心に信じる友人をもつようなもの。あなたがその宗教を信じなくても、学べることは多い」。情報源を変え、自分と異なる意見について考えれば、思考の幅を広げられるだけでなく、ネットワークも広げられる。

⑤地図をつくる　いったん頭を冷やして、新しい土地に来たばかりの人や文化人類学者のように、まわりの世界の地図をつくってみよう。プレーヤーはだれか？　ゲームのルールはどうなっているか？　そこの文化で重んじられる要素はなにか？　だれと連携できるのか？　顧客はどこにいるのか？　行き詰まったときに助けてくれる専門家はだれか？　こうしたことを明らかにしよう。

⑥期間限定でだれかと仕事を交換する　自分と専門分野が隣接する同僚と、1日〜2週間程度、仕事を交換してみるといい。そこで新しい発見をし、ルーキーのような素朴な疑問をもとう。

【求めれば、与えられる！】

バチカン宮殿のシスティーナ礼拝堂の天井画は、ミケランジェロが残した最高傑作のひとつとして、またルネサンス期の偉大な芸術作品のひとつとして知られている。この作品が制作された経緯については、おおよそのことを知っている人も多いだろう。ミケランジェロは、礼拝堂内に高い足場を築いて、その上に板を乗せ、そこにあおむけに寝て天井画を仕上げた。完成までに4年を要したとされる。

しかし、詳しく調べて驚いた。これはミケランジェロが手がけた最初のフレスコ画で、しかもひとりで完成させたわけではなかった。さらに一説によると、この天井画の制作を彼に任せるというアイデアをローマ法王ユリウス2世に吹き込んだのは、ライバルたちだった。ミケランジェロの得意分野が彫刻で、フレスコ画（壁の漆喰がまだ生乾きのうちに絵を描き、顔料を漆喰と化学的に結合させる手法を用いた絵画）の経験がないことをよく知っていたライバルたちは、ルーキーとして臨むフレスコ画制作が大失敗に陥れば、同じくバチカン宮殿内にフレスコ画『アテナイの学堂』を描いていたラファエロに声がかかるだろうと計算したのだという。

だが、そうはならなかった。ミケランジェロは専門家に助けを求めた。まず、法王庁の学識豊かな神学者たちに天井画の題材を提案してもらった。また、フレスコ画の技術に長けたアシスタントをふたり雇い、スキルを習得するまで、数週間にわたり一緒に作業してもらった。そのあとは、ほぼひとりで作業を続けた。こうして完成したのが、ルネサンスの宝のひとつとされる天井画だ。「フレスコ」とは「（漆喰が）フレッシュなうちに」という意味だが、この作品もフレッシュで画期的なイノベーションの産物だったのだ。

ちなみに、この天井画は旧約聖書の「創世記」の物語を描いたものだが、礼拝堂の北壁面には新約聖書の逸話もいくつか描かれており、そのうちの1点は、ルーキー・スマートを求める人にとって示唆に富むメッセージを表現している。そのメッセージとは、「求めなさい。そうすれば与えられる。探しなさい。そうすれば見つかる。門を叩きなさい。そうすれば開かれる」である。

情報を求め、助けを求めれば、道が開けるのだ。

第3章のまとめ

- 狩猟採集民は、必要な知識と専門技能がないので、まわりの世界を理解しようと努め、導きを求めてほかの人の力を借りようとする。
- 現地旅行ガイドは、勝手知った環境で自信をもって行動する。自分の知っている世界から離れず、学習するより人への助言を好む。

《思考パターンと行動パターン》

	ルーキー・スマートのモード ＝狩猟採集民	ベテランの快適ゾーン ＝現地旅行ガイド
環境	はじめての場で右も左もわからず、必要な知識と専門技能をもっていない。	その世界についての知識と専門技能をもっていて、自信がある。
思考パターン	情報と知識を必要としているので、神経を張りつめ、周囲の環境に鋭く注意を払う。	周囲の世界について自信があるので、アドバイザーのように他人に助言や指示をする。
行動パターン	①とりまく世界を精査する。 ②専門家を探す。 ③大勢の協力を得る。	①知っている情報を補強するデータばかり探す。 ②「同族」の中に閉じこもる。 ③自分の知識をそのまま拡散する。
結果	聡明で有能で意欲的な協力者たちのコミュニティを通じて、素早く学習する。	元々もっている固定観念をさらに強める。

《狩猟採集民になるための具体策》以下のいずれかをおこなえば、狩猟採集民の精神をはぐくめる（詳しくは122〜126ページ参照）。

❶ルーキーだった頃の自分を思い出す。
❷専門家のアドバイスを求め、専門家のネットワークを築く。
❸部下にメンタリングをしてもらう。
❹見知らぬ人と話す。
❺地図をつくる。
❻期間限定でだれかと仕事を交換する。

慎重に、しかし素早く行動する

第4章 ファイアウォーカーになろう！

恐怖は橋の下に潜む恐ろしい怪物だが、その怪物が私たちを成功に導く。
――リッチー・ノートン（起業家、人気ブロガー、ビジネス開発コンサルタント）

その夏至の日、スペインのカスティーリャ・イ・レオン自治州サンペドロ・マンリケ村には、世界中から何千人もの観光客が集まっていた。お目当ては、毎年この日におこなわれる火渡りの儀式である。

村の中央の広場に、燃え盛る石炭を並べた道がつくられている。幅1メートル、長さ3メートルほどのその道は、村人たちが石炭をかきまわしたり、平らにならしたりして火力を強め、最高で摂氏777度にも達するという。ここを渡ることを許されるのは村人だけだ。

楽団が音楽を奏で、観衆の熱狂が最高潮に達した頃、選ばれたファイアウォーカーたちが儀式に臨む。白いシャツに赤い帯という伝統的な衣装を身につけ、赤々と燃える石炭の上をまったくの裸足で歩くのだ。ひとりずつ決意を固めると最初の一歩を踏み出し、そのまま、力強く、そして素早く小股で炎の上を歩き切る。
80歳のアレハンドロ・ガルシア・パラシアスの番がきた。これまで57回も火渡りをした強者だ。彼がこの儀式に魅了されたのは、まだ幼いときだった。長老たちが燃える石炭の上を歩くのを見て、いつか自分もやってみせると決意した。アレハンドロもほかの多くのファイアウォーカーと同様、もうひとりを背負って火渡りをする。ひとりで渡るより、ずっと難しそうだ。

この儀式は、何千年にもわたって、インドから中国にいたるまでさまざまな国でおこなわれてきた。トリー・バーカンという人物が火渡りを欧米のビジネス界に紹介し、その種明かしをしたのは1970年代のことだ。その後、アンソニー・ロビンズのような自己啓発の大家たちが、自己認識とチームづくりのエクササイズとして普及させた。

一見すると、火渡りは恐怖に打ち勝ち、肉体的な痛みを超越する行為に思えるが、実際は違う。これは究極の精神克服ではなく、科学的法則の見事な実例だ。石炭は熱を伝えにくいので、石炭の中央部の熱が足の裏に伝わるまでには時差がある。よく観察するとわかるように、ファイアウォーカーたちはけっして立ち止まらずに歩き通す。素早く軽快に。こうすれば、足の裏が石炭に接する時間が短くて済み、やけどをしない。もし歩みのペースを緩めれば、大やけどを負うだろう。

その点で、ファイアウォーカーはルーキー・スマートの持ち主と似ている。ルーキーも、慎重に、しかし素早く行動する。

本章では、大胆な行動をとり、しかもやけどせずに済むためにはどうすればいいのかを考えたい。

【「マラソンランナー」から「ファイアウォーカー」へ変わるために】

ものごとに習熟し、好結果が続きはじめると、人は未来を楽観しがちになる。歴史は繰り返すと考え、自分が輝かしい成果を上げつづけられると思い込む。それは非常に快適な状態だ。また、この状態にある人は、一定のパターンに沿って同じことを繰り返す。アイザック・ニュートンが唱えた「運動の第1法則」によれば、一定のペースで一定の方向に動いている物体は、外部から力を加えられないかぎりそのまま動きつづける。ガリレオ・ガリレイは、この現象を「慣性」という言葉で表現した。慣性がはたらくと、人はずっと同じ場所を目指しつづけ、同じことを繰り返す。

こうした繰り返し型のアプローチは、変化のない環境では安定した結果をもたらせる。しかし、環境が変われば、破滅的な結果をもたらしかねない。ツイッターのエンジニアリング責任者を務めるクリス・フライは警告する。「よく注意しないと、環境の変化に気づけない。同じ道を歩くのが100回目になれば、どうしても変化を見落としてしまう」

細部に注意を払わない人は、現実から切り離されてしまう。まわりのことに気づけなくなるだけではない。あなたが新しい考え方や情報に抵抗をもっていると知れれば、周囲の人は、あなたの考え方に反する情報を聞かせてくれなくなる。オーストラリアのコンサルティング会社デプス・インダストリーズのCEOブラッド・スケルトンも、こう述べている。「経験の豊富な人は、現実から乖離《かいり》しかねない。自分の知識を過信し、なんでも知っていると思い込むせいだ。思い上がりが表面にあらわれはじめると、まわりの人たちは『イエス』としか言わなくなる。それはひっそり進行するので、本人は気づかない」

こうしていつの間にか、昨日までの達人が、グズで、硬直していて、ピントのずれた存在に成り下がる。やるべきことは一応やっていても、それは惰性でしかない。手と足は動いていても、頭は死んでいるも同然なのだ。

この状態に陥ったベテランは、たとえば以下のような行動をしがちだ。

①大股で歩く　周囲の人たちとすり合わせもしなければ、プロジェクトの成否を左右する人たちの声も聞かずにずんずん進む。

②完走できるペースで進む　ベテランは長距離走を前提に行動する。コース全体を念頭に置いて、完走できるペースで走ろうとするのだ。そのため、俊敏な人や急いでいる人にあっさり追い抜かれてしまう。

③素晴らしい仕事ぶりだと思いつづける　ロボットのように無感覚で行動するようになったベテランは、状況が変わっても気づかない。ひたすらゴールだけ見て歩くので、軌道修正に役立つ情報も無視する。いわば自動運転状態で、だれかが勇気を奮って目を覚まさせるまで続く。

続いて、ベテランとルーキーの対照的な実例を紹介しよう。

▼自信満々のベテランが犯した過ち

データ処理サービス会社のデータプロフは、これまで業績を急拡大させてきたが、あるとき深刻な経営不振に陥った。1株当たり利益も数セントまで落ち込み、ついに、株式の過半数を抑えているアジアの投資家がCEOの交替に踏み切った。新しいCEOには、大がかりな改革を断行し、財務に始まり、市場でのイメージにいたるまで、あらゆる要素を改善することが求められた。

その改革の一環として、あちこちに分散していたオフィスを統合し、テキサス州の有名なビジネスパークに新しい本社施設を建設することが決まった。傷ついた企業イメージを改善するための手軽で確実な方法に思えたからだ。莫大な費用はかかるが、会社が目指す新しい方向性をアピールできる、上層部はそう判断した。

その設計と監督を任されたのが、新たに採用された業務支援担当副社長と、その下で引き続き設備担当部長を務めるジャック・ピーターソンだった。社内の施設整備の財務面と物理面を監督するジャックは40代前半。以前は東海岸のある大企業で働いていた。ここまで堅実にキャリアを築いてきた。仕事で成果を上げ、自信があり、おそらくいささか独善的でもあった。副社長によれば、「建物をつくるために何が必要かを知っていた。『長くやってきたんだから、やり方はわかっているよ』と言わんばかりだった」という。

実際、ジャックは自分のチームを率いて、勝手知ったやり方で仕事に着手した。上層部には、計画がまとまった段階で詳細な報告をすると約束した（巨額の出費をともなう事業だから当然だ）。そして、不動産、建設、開発の専門家を集めてチームをつくり、選択肢を検討し、数字を計算しはじめた。作業は着実に前進していった。

ざっと1年後、ジャックは過去の経験に照らして、十分な調査と分析が完了したと判断し、いよいよ新本社の設計図と第三者の評価を取締役会に提出することにした。このプレゼンはきわめて重要なステップであり、ジャックにとっては大勝負の場だ。なにしろ、ここではじめて取締役会のメンバーが建設計画の詳細を知るのだ。プレゼンに臨む前、ジャックは分析内容と数字を再確認した。これまで何度も経験したことだ。なにを目指すべきか、目的を達成するためにどうすべきかはよく心得ているつもりだった。

データプロフ社の当時の本社ビルは、テキサス州ダラスの都心から少し北に行ったところにあった。その10階、マホガニーのテーブルが置かれた会議室に、十数人の取締役たちが集まった。最初のうち、プレゼンは順調に進んだ。取締役たちの反応もおおむね好意的だった。

しかし、しばらくすると、想定外の質問が飛びはじめた。取締役が知りたがっていたのは、新本社への投資で企業イメージがどのように向上するかだった。ジャックは言葉に詰まった。新本社建設の主たる目的が企業イメージの改善だということは、ジャックももちろん知っていた。しかし実際には、いままでどおり施設整備と財務の側面だけからアプローチしていた。それまで経験してきた多くのプロジェクトと今回のプロジェクトの違いを、本当には理解していなかったのだ。上層部は、新しい本社施設を単なる建物ではなく、戦略的マーケティングの手段と位置づけていたが、ジャックはこの点を軽視していた。

CEOと副社長たちの信頼を完全に失ったジャックは、会社を去るよう求められた。

▼利害関係者と調整しつづけたルーキー

その後、データプロフ社の新本社建設プロジェクトの指揮を執ったのは、ジャックとはまったく異なるキャリアを歩んできた人物だった。担当副社長は、ボブという、財務はベテランだが施設関連の経験は皆無の人物を採用したのだ。

ボブは、南部メソジスト大学の出身だ。企業向けオフィス機器の大手企業で、経理責任者として成功していた。年齢はジャックと同じ40代だったが、頭はすでに白髪になっていた。彼は、自分が施設整備についてほとんどなにも知らないことを十分に自覚していた。なにしろ、鉄骨とプレハブの違いもよくわからなかったくらいだ。ただし、新しい役割を果たすうえで有益なノウハウはもっていた。利害関係者に意見を求め、複雑な組織内でうまく活動するコツを知っていたのである。

ボブには前職での成功による自信があったが、この仕事に着手したときは不安も感じていた。新しい職場では、快適ゾーンの外に出て、ペースも加速させなくてはならない。新しい上司が、会社の体質をテキサス流の率直な表現で教えてくれた。「よその部署の人間から自分のプロジェクトのあちこちに小便をかけられるのはごめんだと、みんなが思っている」

ボブはさっそく、新しい本社施設に入居する各部署のリーダーたちに話を聞いた。そして一緒に建設案を検討し、意見を乞うた。たとえ短時間でも、すべての部署のリーダーと少なくとも2カ月に1回は話すよう心がけた。とりわけ緊密に連絡をとり合ったのは、マーケティング、人的資源管理、投資家広報（IR）のリーダーだ。いずれも新しい企業イメージづくりに欠かせない部署だった。

数度の意見聴取の結果、プロジェクトに参加していた社外の不動産業者のひとりが多くのリーダーに話を聞いていなかったことが明らかになると、ただちに調査し、その業者をプロジェクトからはずした。また、ある部署のリーダーが新しい本社施設の外観に不満を言ったときは、柔らかな物腰でユーモアをもって対応した。自分たちのスペースに直射日光があたりすぎると文句を言ってきた人には、こう応じた。「太陽がどこから昇るかは変えようがありませんが、なにかできないか考えてみましょう」

ボブはボトムアップで計画を進め、あらゆる段階で利害関係者との調整を欠かさなかった。自信に邪魔されたジャックが有益な情報を得られなかったのとは対照的に、素早く調整し、ただちに行動することで、情報が入ってくる道を開いていった。そして、すべての部署のリーダーと取締役会の全面的な支持を得て、新しい本社施設は無事完成した。

新本社はいま、ビジネスパークと周辺のコミュニティのシンボルになっている。

▼「不安」はかならずしも悪くない

私たちの調査によれば、ルーキーはベテランに比べて、同僚や上司に実力をアピールしなくてはならないという重圧を感じる場合が多い。しかし、その不安は生産的な焦りだ。それに突き動かされることで、快適ゾーンから飛び出そうという気持ちになり、新しいグループに加わり、これまでより一段高いパフォーマンスを発揮したいと思うようになる。それに対し、ベテランは、重圧がパフォーマンスの妨げになることが多い。成果を上げなくてはならないというプレッシャーを感じたとき、ルーキーは前に進む背中を押されるが、ベテランは足を引っ張られるのだ。

ルーキーの生産的な不安については、コラムニストのデーヴィッド・ブルックスが、2013年8月6日のニューヨーク・タイムズ紙に寄せたコラムでうまく表現している。「私がニューヨーク・タイムズでコラムを書きはじめたのは10年ほど前のことになる。最初の数カ月は苦しかった。原因のひとつは、だれでも新しい仕事を始めるときはそうであるように、うまくやれる自信がなかったからだ。うまく書けているか？――そんな疑問が頭から離れなかった。この問いに対して、正気を保てる答えを見つけることはできなかった。いつも絶対的な安心材料を探していたが、そんなものは当然どこにも見つからなかった。それでもしばらくすると、仕事を進めるパターンが確立され、記事の出来栄えより、書く内容に関心が向きはじめた」

ロンドン大学ユニバーシティ・カレッジ・ロンドン（UCL）のトマス・チャモロプリミュージ

ク教授（ビジネス心理学）によれば、自分の限界を知り、現実に合わせて自己評価を引き下げることが、成功への一歩になるという。「長年、研究とコンサルティングに携わってきた経験を通じて到達した結論がある。それは、唯一の有益な自信とは低い自信のこと、というものだ。もちろん、極端に自信がないのは好ましくない。それでは、恐怖や不安やストレスでパフォーマンスが妨げられ、遅かれ早かれ努力をやめてしまう恐れがある」。しかし、そこそこの自信は、自分のやり方を見直し、厳しい評価に耳を貸すよう促してくれる。そういう自信の持ち主は、懸命に努力し、徹底的に準備をし、うぬぼれた人が陥りがちな傲慢さと思い込みを避けることができる。

【ファイアウォーカーの3つの特徴】

傑出したパフォーマンスを発揮するルーキーは、組織のメンバーに評価されることを願い、あらゆることを何度も試しながら前進し、関係者の考えを把握しようと学習しつづける。オンラインオークション大手イーベイのエンジニアリング部門で働く経験豊富なマネジャーの言葉を借りれば、「あなたがマラソンをしているとき、ルーキーは短距離走を走っている」のだ。

そうしたルーキーの行動には、次のような特徴がある。

▼行動❶計算された小さな動きをする

はじめて訪れた場所で暗闇のなかにいるとしたら、あなたはどうするだろうか？　たぶん、リスクを最小限に抑えるために小股で歩くのではないか。はじめて泊まるホテルで夜中に目覚めてトイレに行こうとするときは、両手を触角のように突き出し、手探りで暗闇を進むだろう。トイレがありそうなほうに手を伸ばして、なにかにぶつかって痛い思いをしないように、できるだけそろそろと。トイレにたどり着いても、慎重にあちこちにふれて、自分の位置を確認するに違いない。やがてベッドに戻る頃にようやく、だいぶ目が慣れて、最初より大股で歩けるようになる。

知識の不足を埋めようとするルーキーも同じだ。はじめての場で正しい進路を見いだすために、あらゆる感覚を動員する。思わぬ障害物にぶつからないように、周囲に細心の注意を払い、未知の領域でついて回るリスクを緩和しようと、慎重に行動する。ルーキーは、離れわざをやってのけたように見えても、実はそれほど大きなリスクをとっていない。この点は、私たちの調査によっても明らかだ。ルーキーが大胆な行動をとるのは、それが大胆な行動だと気づいていない場合だけだ。大半のルーキーは、小さな行動をとり、つねにその結果をチェックすることで、リスクを避けようとする。

起業家も例外ではない。さまざまな研究によると、傑出した起業家は、とくに大きなリスクをとっているわけではない。むしろ、リスクをとり除いている。シカゴ大学で教鞭を執った経済学者の故フランク・ナイトが指摘したように、リスクは、計算できるという点で不確実性とは異なる。起業家は不確実な環境で活動するが、リスクを最小限に抑えるために最大の努力を払っている。

ジャーナリストのマルコム・グラッドウェルも、ミシェル・ヴィレットとカトリーヌ・ヴュイエルモというふたりのフランス人研究者の研究を紹介しつつ、次のように結論づけている。「ビジネスで真の成功を収める人物は、リスクをともなう行動をまったく好まない。成功者は肉食獣のように行動する。狩りの間、リスクを最小限に抑えようとするのである」。優れた起業家は、その他大勢の人たちより大胆なわけではない。確実に成功するものを見つけることに長けているのだ。

大胆な跳躍をしているように見える人も、実は素早く方向転換し、目が覚めるほどのスピードで次々とステップを踏んでいるだけだったりする。マーク・カージスもそのひとりだ。

カリフォルニア大学バークレー校とニューヨーク大学でコンピュータ科学の学位を取得したマークは、ベル研究所とBEAシステムズ社で働き、プログラミングの分野でスキルを磨いてきた。しかし、プログラマーとして、さらにはプログラマー（つまり、自分と同様のスキルの持ち主たち）のマネジャーとして20年働いたのち、ゼネラルマネジャーの仕事に挑戦したいと思うようになった。きっかけは、上司であるCEOの助言だった。「ただの技術屋ではだめだ。ビジネス環境を知り、営業の経験も積んだほうがいい。つくり方だけでなく、売り方も知っておかなくては」

CEOは、マークに営業責任者の下でマネジャーを務めるよう求めた。特定の担当地区と得意先を任されて、営業チームを束ねるのが役割だ。それまでにソフトウェアの使用現場で働いた経験もあったし、企業買収を指揮したこともあった。だが、営業部門のチームに加わるのはまったく未知の経験だった。

「これまでも営業部門とは緊密に連携してきたましたが、営業部員と一緒に仕事をするのと、自分が営業部員になるのでは大違いでした」と、マークは述べている。次のような考えが頭のなかを駆け巡った。自分がもっている方法論は、ここではなんの役にも立たない！ 四半期ごとに結果を出さなくてはならないなんて！ メンバーのみんなは、すでに歩合報酬制のもとで営業支援ツールを駆使してどんどん契約を受注している。私はなにをすればいいんだ？……。新米リーダーになったマークは、すぐに自分なりの価値を生み出さなくてはならないというプレッシャーを感じた。

そこでどうしたか？ 彼は、まず現場で顧客と話すことから始めた。とくに、グローバル企業との会話に力を入れた。そのような企業はソフトウェアに莫大な投資をしており、マークの会社と関係を強めたいと願っていたからだ。テクノロジーに精通し、顧客にどのような質問をすべきかを心得ていたマークは、相手の話に耳を傾け、不安やニーズを熱心に探った。

どう頑張っても、一夜で自分を変身させることなど不可能だし、ベテランのリーダーのように、うまく契約をまとめてチームを導くこともできない。それでも、早く成果を出さなくてはならない。だからマークは、自分が知っていることから出発した。古いスキルに寄りかかって仕事をしようとしたのではない。自分のスキルを生かして新しい分野に踏み出そうとしたのだ。

顧客がどのようなニーズをもっているかを把握したあとは、営業チームのメンバーと緊密に協力し、顧客のニーズにこたえる方法を見いだしていった。自社製品ではニーズにこたえられないという結論に達した場合は、売り込み先を間違っていると営業チームに知らせた。

こうしたやり方は、関係者全員に恩恵をもたらした。マークとグローバル企業担当の営業チームは、販売目標を上回る成績を残した。それ以外の営業部員たちも、自社製品に精通したリーダーは大歓迎だった。そしてクライアント企業は、購入するソフトウェアへの満足度が高まった。

マークはこう語っている。「人事異動で快適ゾーンから引きずり出されて、試練にさらされました。短期間で新しいスキルを身につけることを迫られたのです。その経験は、これまでとってきた無難な行動のどれよりも、私を仕事の面で成長させてくれました」。現在は、イーベイの最高技術責任者（CTO）とグローバル・プロダクツ担当上級副社長として、部下に新しい役割を課して試練を与えている。

営業部門に異動したとき、マークは身の丈以上の課題を前に、結果を出さなくてならないというプレッシャーを感じた。それでも、バスケットボール・コートの中央からスリーポイントシュートを狙いつづけたりはしなかった。マークがやったのはピポットターンだ。元々もっていたスキルのいくつかを慎重に選び、それを軸にくるりと体を方向転換し、新しい方向に足を踏み出したのだ。そうやって前進し、結果を残そうとした。

体の向きを変え、足を踏み出し、突っ走る。新しい場で自信がないとき、コートの中央からスリーポイントシュートを放つのは、単なる無謀だ。コートの同じ場所をぐるぐる回るのも賢明でない。大きな成果を上げるルーキーは、そんなことはしない。

▼行動❷素早く結果を出す

知識とスキルの不足を自覚しているルーキーは、早く前に進もうとする。私たちの調査によれば、ルーキーは、迅速に結果を出すことに関してベテランより60％も高い評価を得ている。

ロサンゼルスに近いハモサビーチにあるナイトクラブ「コメディ&マジック・クラブ」は、これまで大勢の偉大なコメディアンを世に送り出してきた。異名は「コメディ界のオールド・ヤンキースタジアム」。店の壁には、レッド・フォックス、ジョージ・カーリン、ジェリー・サインフェルド、レイ・ロマーノなど、過去に出演した伝説のコメディアンたちの写真が並んでいる。コメディアンを目指す人間でこの店を知らない者はなく、だれもがここのステージに立ちたがる。ジェイ・レノも長年、毎週日曜日の夜にはステージに上がり、その週のNBCテレビ『ザ・トゥナイト・ショー』の冒頭で使うジョークを試したと言われている。

ある日曜日の午後遅く、そんなクラブの裏口からマイケル・ジュニアが入ってきた。深い信仰心を反映したジョークが持ち味の新進コメディアンである。子どもの頃は、学校で周囲の世界を理解することに苦労し、失読症の症状に悩まされた。その経験から、自由に連想をはたらかせ、いくつかの手がかりをつなぎ合わせて状況を把握する術《すべ》を覚えた。機転も磨かれた。

この日、クラブを訪れたのは、オーナーのマイク・レイシーから招かれたからだ。ベテランのコメディアンたちとおしゃべりをするチャンスをあげようという話だった。マイケル・ジュニアは、まっすぐ楽屋に向かった。クラブ内のコメディ・ミュージアムには、偉大なコメディアンたちの写真が壁に張ってあり、ガラスケースにはコメディ界のお宝も飾ってあったが、素通りした。ここに来られただけで天にも昇る気持ちだったからだ。なにひとつ見逃さず、なにひとつ聞き逃すまい、そう思っていた。

楽屋に足を踏み入れると、壁の一面はガラス張りに、その向かい側の一面はレンガ積みになっていた。そのレンガの一つひとつに、過去に出演した途方もなく有名なコメディアンたちのサインがしてある。そして目の前には、その途方もなく有名なコメディアンのうちの3人がいた。巨匠ジェイ・レノ（当時はまだ『ザ・トゥナイト・ショー』の司会を務めていた）、ギャリー・シャンドリング、ジョージ・ウォレスだ。レノが用意した案をもとに、この週のショーのオープニングで使うジョークを練っているところだった。

ベテランコメディアンたちは緊張させないように気を使ってくれたが、それでも「コメディ界の歴戦の勇士たち」の前にいるのだという緊張を感じずにはいられなかった。マイケル・ジュニアは終始、控えめにふるまい、あまり発言せず、3人の様子を注意深く見守った。「縄跳びのダブルダッチみたいな感じだった。独特のリズムがあって、そのリズムを把握しないとなかに入れない。リズムをつかまない人間が入ろうとすると、すべて台なしになってしまう」

レノが最近のニュースを読み上げた。「NFLの試合中にレフェリーのペナルティ・フラッグが目に刺さってけがをしたプレーヤーが、連盟に2億ドルの賠償を請求しました」。大物コメディアンたちが言葉のキャッチボールを繰り返し、効果的なオチを探す。いくつかおもしろいアイデアが浮かんだが、どれも決め手に欠けた。

マイケル・ジュニアはもう会話のリズムをつかみ、言葉をはさむタイミングがわかっていた。ただし、素早く発言しなくてはならない。そこで、大御所たちの会話が一瞬途切れた瞬間を狙い、表情をまったく変えずにスパッと言った。「その選手は、ものごとの半分しか見えなくなった!」

3人は声を上げて笑い、プロらしく冷静に認めた。「それ、おもしろいな」。オーナーのレイシーは、1週間後に出演しないかと誘ってくれた。ジェイ・レノも自分の番組においでと言ってくれた。舞台裏で脚本を書いてくれというのではない。番組でレノの隣に、そう、コメディアンならだれもが座りたい席に座っていいと言ったのだ。

目覚ましい成果を上げるルーキーの多くがそうであるように、マイケル・ジュニアの成功の始まりも、この日の楽屋で、慎重に、しかし素早く行動したことから始まった。彼は、いまでは引っ張りだこの人気コメディアンになり、世界中の人々を笑わせている。

あなたは新しいことに取り組むとき、ゆっくり確実なペースで成果を上げようとするタイプだろうか? それとも、しばらく慎重に観察したあと、突破口を見つけて一挙に突っ込むタイプだろうか? 選択肢はいろいろあるが、ときには、まず小さく始めることが賢明な場合もある。

IBM、ブーズ・アレン・ハミルトン、オラクルで幹部を歴任したレイ・レーンは、みずからが新しいことを学んできたプロセスを次のように説明している。「いつも自分の能力を超えた仕事を与えられてきた。頼りになる経験など、もっていたためしがない。知識が足りないので、ほかの人たちの言葉に真剣に耳を傾け、教えを乞い、できるだけ早くデータを集めるほかなかった。ただし、その一方で、リーダーとしての能力を早々に実証しなくてはならないという強迫観念も強かったから、学んだことはとりあえずすぐに実行した」

レイは、リーダーとして新しい役職に就くたびに、このパターンを繰り返してきた。不安を感じ、教えを乞い、データを集め、学んだことを素早く行動に移してきたのだ。ベンチャーキャピタリストに転身した今日も、投資先の企業が繰り返し「リーン方式」を実践し、実験し、その結果を反芻《はんすう》して学習するよう促している。

とはいえ、猛烈な勢いで飛び出すルーキーは、たちまちコースをはずれる危険と背中合わせだ。短期間で問題を解決できることと、いちばん重要な問題を解決できることは、イコールではない。私たちの調査によれば、真に解決すべき問題を解決する確率は、ベテランのほうがルーキーの2倍ほど高い。賢いマネジャーは、レースのスタートを告げるピストルが鳴る前に、ルーキーたちが正しい方向に走ろうとしているかをしっかり確認している。

▼行動❸フィードバックとコーチングを求める

ルーキーは、未知の世界を慎重に、しかし迅速に歩むとき、自分が正しい道を進んでいるか確認するために、絶えずフィードバックを必要とする。「フィードバック」とは、ドイツの発明家でノーベル物理学賞受賞者のカール・フェルディナント・ブラウンが1909年につくった言葉だ。当初は科学における循環行動と自己制御システムを表す言葉だったが、やがてビジネスの世界でも使われるようになった。

しかし、あまりに多用されるうちに意味が歪曲され、経験豊富な人たちは「フィードバック」と聞いただけで神経をとがらせ、逃げ腰な態度を示すようになってきた。自分が評価の対象にされ、否定的に採点され、判断をくだされるという連想がはたらくからだろう。

本来、フィードバックは、パフォーマンスの改善と学習の加速を後押しするうえで重要な役割を担う。ウィキペディアにもあるように、「フィードバックとは、過去もしくは現在に関する情報が現在もしくは未来の同じ現象に影響を及ぼすプロセス」である。言い換えればそれは、人が自分のパフォーマンスを確認し、軌道をはずれないようにするのを助ける。

たとえば、室温を管理するために、サーモスタット（温度自動調節装置）を摂氏22度に設定すれば、フィードバックのプロセスが作動する。一定の間隔でセンサーが室温を測定し、エアコンの機能を調節する。22度を下回れば暖房機能が作動し、22度を上回れば暖房機能が停止する。ほとんどの時間、室温は22度ちょうどにはならなくても、22度前後を維持する。もしも、ぴったり22度になる時間をもっと増やしたい、あるいは温度の変動幅を減らしたければ、センサーが室温を測定して調整する時間的間隔、つまりフィードバックを受ける間隔を短くすればいい。ビジネス界のルーキーのように。

ルーキーは、頻繁にフィードバックを受け、つねに重要な情報を手を得る。そして、その情報を手がかりに素早く学習し、行動を調整する。このような適応力がある人は、コーチングの機会も得やすい。フィードバックのあとは、コーチングに発展するのが自然の流れだ。

ルーキーが高いレベルのパフォーマンスを発揮し、迅速に学習するうえで、フィードバックとコーチングの繰り返しがいかに強力な後押しになるかは、「ジギー」ことイジキール・アンサを見ればよくわかる。

祖国のガーナを離れて、ユタ州のブリガム・ヤング大学で学びはじめたのは2008年。身長198センチのアンサは、バスケットボールがやりたかった。スターになれると自負していた。だが、大学のバスケットボール部のコーチは、そうは思わなかったらしい。1年生のときも翌年も入部を認められなかった。

アンサは落胆したが、打ちひしがれることはなかった。陸上部に入部して、1年間、100メートル走、200メートル走、三段跳びに挑戦した。ところが陸上部のコーチも、彼が陸上向きだとは思わなかった。スピードがあることは確かだが、その立派な体格はアメリカンフットボールにより適していると思ったのだ。そこで、彼をアメフト部のヘッドコーチ、ブロンコ・メンデンホールに引き合わせた。

それまで、アメフトの経験など一度もなかった。大学で人気のスポーツだけに、スタンドで試合を観戦したことはあったが、ルールすらよくわかっていなかった。だが、アンサの潜在的な運動能力の高さに興味をもったメンデンホールは、ためしに6週間の仮入部を認めた。その期間中は、朝

6時に集合し、ウェイトトレーニングとミーティングに参加するものとされた。

最初の練習のときは、ひとりでショルダーパッドを着けられず、基本のスリーポイント・スタンスの構えをとることもできなかった。おまけに、タックルの練習では、相手選手に見立てた青い砂袋を空振りする始末だった。しかし、「もの静かで、控えめで、謙虚」なアンサは、くじけることなく、チームメートやコーチに助けを求めた。みんながまわりに集まり、アメフトの基本を教えてくれた。メンデンホールの予想を裏切り、アンサは大学の授業も、ミーティングも、一度も欠席しなかった。

レポーターのネイト・ミークルが練習場を訪れたのは、シーズンが始まったばかりの頃だった。ミークルはチームのOBだったが、身長175センチ、体重80キロという体型は、元大学スポーツの選手というより、むしろトレーナーのようだった。

「やあ、ジギー。私はネイト。今シーズンは、きみのプレーを見られるのが楽しみだよ」。ミークルがそう言うと、アンサはこう答えた。「ありがとうございます。ぼくにアドバイスをいただけませんか?」。そのときのことをミークルはこう振り返る。「レポーターの仕事で何百人もの選手に話を聞いたし、何十人もの選手に同じようなことを言ったと思う。でも、私にアドバイスを求めたのはジギーだけだ」

次第に上達してくると、練習で指名されて厳しくしごかれることが多くなった。それにこたえるように、アンサはさらに先輩の話を聞き、学習し、トレーニングに励んだ。その結果、2010年から徐々に試合に出るようになり、2012年の春季トレーニングの頃には、ラインバッカーとしてプレーし、つねにチームに貢献するようになっていた。体重は120キロを超えた。シーズン半ばには、さまざまなテクニックを完全にものにし、全試合に出場するようになった。

メンデンホールはこう述べている。「まったくはじめて挑戦するスポーツだったこともあるのだろうが、競技をとても楽しみ、どんな課題にも向き合っていた。経験のない未知の問題から逃げず、どんなことにも謙虚に取り組んでいたよ。受け身で好結果を待つのではなく、『頑張って実力を証明し、評価を勝ち取るぞ』という思いで臨んでいたんだ」。また、別の機会にこうも言っている。「どうしても力になってあげたくなる。無邪気に、まっすぐな姿勢で真摯に取り組んでいるからね。……彼の学習能力の高さ、理解して実践するスピードの速さを軽く見るのは、とんだ間違いだ」

2013年5月のNFLのドラフト会議では、ニューヨークにやってきたガーナの家族（プレー姿は見たことがなかった）が見ている前で、1巡目の5番目でデトロイト・ライオンズの指名を受けた。意外とまでは言わないが、思い切った指名だった。ライオンズのゼネラルマネジャー、マーティン・メイヒューはこう説明している。「(大学4年生のオールスター戦であるシニア・ボウルのときに）わがチームのコーチが指導する機会があってね。そのとき、高い学習能力の持ち主で、試合に大きな影響を及ぼせるプレーヤーであることを知った。この選択には、非常に満足している」

こうして、24歳のアンサは、未知数の新戦力という評価でルーキーシーズンを迎え、すぐに有無を言わせないレギュラー選手にのし上がった。デビューして3週目には、ペプシ・ルーキーオブザウィークにも選出された。ヘッドコーチのジム・シュウォーツは、「毎週、新しいことを学んでいる。よく練習もする。テクニックが向上しつづけている」と評した。その活躍は、ルーキーの常識をくつがえすものだった。最初の5試合で成功させたサックは3回、ファンブル・フォースは2回。右のディフェンシブエンドとして、3週間スタメン出場も果たした。

アンサにとって、ルーキーであることはいくつかの面でプラスに作用した。たとえば、プロ選手への憧れがなかったぶん、気後れせずにプレーできた。試合で対峙《たいじ》する選手を片っ端からつぶせた。「相手の評判に萎縮することがない。この点は強みだ」と、ベテランのディフェンシブエンドであるイスラエル・イドニジェも語っている。また、ライオンズの元ディフェンス・コーディネーターのガンサー・カニンガムによれば、コーチの言葉を吸収する能力に長けているが、言うことを聞きすぎるということはない。「自由にプレーさせたときに最も輝く」選手だという。実際、チームはアンサを試合に送り出し、あとは好きにさせた。

その後、足首のけがで数週間戦列を離れたものの、ルーキーシーズンを通して8回のサックを成功させた。これは、ライオンズのルーキーとしては史上2番目の記録だ。チームメートの投票により、チームの最優秀ルーキーにも選ばれた。

2010年にはじめてショルダーパッドを着けたアンサが、13年のNFLドラフトで1巡目指名を受けるまでの目覚ましい成長には、多くの要因がある。しかし、決め手になった要因のひとつが、謙虚な姿勢と、他人に教えてもらう能力だったことは間違いない。

仕事の世界でも、変化のスピードが増すにつれて、新しい世代がより多くのフィードバックとコーチングを求めるようになっている。次のデータを見てほしい。

●ある研究によると、ミレニアル世代（1980年代～2000年代はじめに生まれた世代）は、「つねにフィードバックを欲しがり、早く成功を手にしたいと思っている」。

●音楽専門チャンネルのMTVが2011年におこなった調査によれば、ミレニアル世代の75％がメンターを欲していて、80％がマネジャーの頻繁なフィードバックを望んでいる。また、この世代の61％は、「最善の仕事をするためには上司からの具体的な指示が必要」だと答えている。「この割合は、ベビーブーム世代の2倍」だという。

●ジャーナル・オブ・コンシューマー・リサーチ誌に掲載された研究によれば、ルーキーは肯定的なフィードバックを欲し、それに反応するのに対し、ベテランは否定的なフィードバックを欲し、それに反応する傾向があるという。ニューヨーク・タイムズ紙のアリアナ・テューゲンドは、これを次のように説明している。「その理由のひとつは、専門知識が身につくにつれて、フィードバックの果たす役割が変わっていくことにある。新しいことを始めたときは、あまり自信がないので、励ましが欲しい。それに対し、新人よりも立場が安定しているエキスパートたちは、励ましよりも、プロジェクトを前進させることに関心がある」

現実には、実績のあるベテランはフィードバックを受けられない場合が多い。これまで成功してきた人だから、放っておいても大丈夫だろうとまわりが考える結果、聖書の言葉を借りれば「与うるは受くるより幸なり」とでも言うべきパターンにはまり込む。つまり、フィードバックを与えるばかりで受け取れなくなってしまうのだ。

一方、ルーキーはフィードバックを得て、学習し、人脈をはぐくむ。マネジャーは、ルーキーがつねにフィードバックを受けられるようにし、自分の仕事ぶりを確認し、脱線を防げるようにしてやる必要がある。だが、真に賢明なマネジャーは、自分自身もつねにフィードバックを受けるようにする。それを通じて、みずからのパフォーマンスも最適なものにするのだ。

【ファイアウォーカーになるための具体策】

ファイアウォーカーの思考パターンを身につけるには、かならずしも焼けた石炭の上を歩く必要はない。「炎」に近づき、慎重にリスクを背負うだけでも十分だ。

イノベーションに関心がある人の間では、「フェイル・ファスト（＝速く失敗する）」という言葉がもてはやされる。一見すると非生産的に思えるかもしれないが、その本当の目的は失敗することではない。失敗から学ぶことだ。

あなたも「炎」に近づこう。もしも失敗したら、そこから素早く学ぶのだ。安全に失敗し、その経験から確実に学習するには、次のいずれかをやってみるといい。

①リスクを恐れないように、実験の場を決める　自分の仕事を「失敗が許されない仕事」と「失敗しても挽回できる仕事」に分けて、後者をあなたの遊び場にしよう。そこは、あなたとあなたのチーム、あるいはチームの新人が安全に悪戦苦闘でき、たとえ失敗しても利害関係者やビジネスに害が及ばない領域だ。この遊び場のなかで、リスクをともなうプロジェクトを見つけ、よく計算して小さな行動を重ねるのだ。成果が上がるまでそれを繰り返そう。

②現場で手を真っ黒にする　顧客や利害関係者、部下のニーズをいちばん把握しやすいのは、最前線の現場だ。炭坑では、いちばん奥で石炭が掘り出されている最前線のことを「コール・フェイス（採炭切羽）」という。そこでは、人々が手を（そして顔も）真っ黒にして働いている。あなたも手を真っ黒にするつもりで現場に身を置こう。ごますり屋やイエスマンや反応の遅い人たちに邪魔されることなく、的確な情報とフィードバックを得られるだろう。

【炎はくぐり抜けられる！】

スコットランドのウィスキー醸造家であり、旅行家としても知られたトーマス・デューワー男爵は、こんなジョークを残している。「歩行者にはふたつのタイプがいる。……素早く歩く人と、死んでいる人だ」。毎日、260万の人間と450万台のオートバイが行き交うベトナムの首都ハノイは、まさにそういう世界だ。

旅行でハノイを訪れたとき、私たち家族6人は、膨大な量のトラックや乗用車、オートバイ、人力車が途切れなく通る道路に立ちつくした。信号はあまりに少ない（それに、信号があってもほとんど守られないらしい）。法律で車道は右側通行とされているのに、反対車線を走り抜けるオートバイもいる。横断歩道はあるにはあるが、目安程度の意味しかない。

4車線道路の反対側に渡りたくても、信号は見当たらなかった。仕方がないので車の流れが途切れるのを待とうとしたら、ガイドのホアンさんに言われた。「車はけっして途切れませんよ」。じゃあ、どうすればいいの？　すると、ホアンさんは答えた。「まず様子を見る」。こっちに走ってくる車を確認すると同時に、ドライバーに気づいてもらうためだ。「そのあと、道路に一歩踏み出す。そして、素早く一定のペースで歩く。そうすれば車が避けてくれます。けっして立ち止まらないで。轢《ひ》かれてしまいますからね」

ティーンエージャーの息子は、その渡り方が気に入ったらしい。真っ先に試したがった。親としてはやめさせたいところだが、ぐっと我慢して見守ることにした。たくさんの車が猛烈な勢いで向かってくるなかに、息子が堂々とした態度で踏み出した。私の不安をよそに、一歩進むたびに、猛スピードで走ってきた車が本当に次々とよけてくれた。

ルーキーがとる最良の行動も、これと似ている。手に余る大きな課題と向き合うときは、試練の炎が発する熱を体に感じるだろう。やけどするのではないか、へたをすると焼け死んでしまうのではないかと不安になるかもしれない。しかし、最初は無理に思えたことでも、ルーキーらしいやり方で臨めば、多くのことはやり遂げられる。

重要なのは、慎重に、しかし素早く行動すること。そして、途中でけっして立ち止まらないことだ。

第4章のまとめ

- ファイアウォーカーは、自信がないので慎重に、しかし素早く行動する。自分のパフォーマンスを点検し、知識の不足を埋めるために、フィードバックを求める。
- マラソンランナーは、自信をもっていて、安定したペースで前に進もうとする。途中で利害関係者の考えを確認することを怠る。

《思考パターンと行動パターン》

	ルーキー・スマートのモード ＝ファイアウォーカー	ベテランの快適ゾーン ＝マラソンランナー
環境	その局面に対する自信をもっていない。	実績を残し、称賛と評価を受けてきた。
思考パターン	新しい場で実力を証明したいという思いが強いので、焦燥感をいだいて行動する。慎重に、と同時に素早く動く。	すでに自信をもっているので、ペース配分を考えて動く。現状維持志向が強い。
行動パターン	①計算された小さな動きをする。 ②素早く結果を出す。 ③フィードバックとコーチングを求める。	①大股で歩く。 ②完走できるペースで進む。 ③素晴らしい仕事ぶりだと思いつづける。
結果	道をはずれず、利害関係者の声に耳を傾ける。	道をはずれて、ひとりよがりの行動をとりかねない。

《ファイアウォーカーになるための具体策》以下のいずれかをおこなえば、ファイアウォーカーの精神をはぐくめる（詳しくは154〜155ページ参照）。

❶リスクを恐れないように、実験の場を決める。
❷現場で手を真っ黒にする。

第5章　開拓者になろう！

限界に挑めば挑むほど、限界を押し広げられる。
――ロビン・シャーマ（著述家、能力開発の権威）

力強く前に進む

ミシシッピ川は、アメリカの内陸部を北から南へ貫き、メキシコ湾に流れ込む大河だ。19世紀はじめまでは、この川が文明の境界線だった。西洋人の目から見れば、川の東側だけが文明世界。西側にはなにも存在せず、地図の上には広大な空白地帯が広がっていた。

この未開の地に、多くの開拓者たちが乗り出していった。彼ら荒くれ者の目当ては、農地の権利のときもあれば、富と財宝のときもあれば、信仰の自由のときもあった。その先駆者であり、おそらく最も偉大な存在でもあるのが、政府上層部の命を受けて探検に出発したメリウェザー・ルイスとウィリアム・クラークだ。

1803年、ルイジアナ購入により広大な土地を国土に加えたトーマス・ジェファーソン大統領は、大西洋と太平洋を結ぶ航路を確立するために、ミズーリ川とコロンビア川を結ぶ水路を見つけようとした。その探検隊の責任者として抜擢されたのが、大統領の個人秘書を務めていたルイスだ。当時30歳。軍隊経験とサバイバルスキルをもつ、知性ある男性だった。

ワシントンのエリートだったルイスは、ペンと紙を銃と火薬に持ち替えて、探検隊の隊員を集めはじめた。そのとき真っ先に声をかけ、共同隊長に起用したのが、地図製作に長けた探検家のクラークである。1804年、ふたりは30人ほどの探検隊を組織し、2年半にわたる探検の旅に出発した。

探検隊はまず、船を漕いでミシシッピ川を上流にさかのぼり、今日のミズーリ州セントルイス近くのキャンプ・ウッドに到着した。そこから先は、地図に載っていない土地だった。船を漕ぎ、あるいは船を運んで陸路を進み、ミズーリ川をさかのぼると、ロッキー山脈分水界に行き着いた。毎日が新しい試練と発見の連続だった。「川の湾曲した場所を曲がり切るたび、その先に驚きが待っていた。山の峠を越すときはいつも、峠の向こうになにが待っているか予想もつかなかった」と、歴史家のスティーブン・アンブローズは記している。

未知の世界に乗り出した探検隊のメンバーは、日々、試練に耐えたが、現在のアイダホ州北部に位置するビタールート山脈の険しい山々にたどり着いたときには、さすがに疲労困憊していた。能力と体力の限界を越え、食料も底を突いていた。しかし、太平洋岸に着くにはこの山脈を越すしかない。隊員たちは厳しい行程を覚悟して、山越えの道を進んでいった。

ただでさえ気が遠くなるような挑戦は、やがて絶望的な様相を呈しはじめる。なんと先遣隊が道を見失ってしまったのだ。隊員たちは、過酷な山のなかを何日もあてどなくさまよった。連れていた馬を1頭殺して食いつないだが、5日目の朝、目が覚めると、体の上に雪が積もっていた。寒くて、ずぶ濡れで、食料もない。一行は、ついにロウソクを食べはじめた。どこで次の食料が手に入るのか？　そもそも、どこかで食料が得られるのか？

しかし11日目、気がつくと彼らは山脈の反対側に到達していた。そのあとは、先住民のネズ・パース族の助けを借りてコロンビア川に出て、さらに太平洋までたどり着いた。そして、今日のオレゴン州で冬を越すと東へ戻り、新しい土地についての貴重な情報を持ち帰った。

旅行作家のウィリアム・リースト・ヒート＝ムーンの言葉を借りれば、「ルイスとクラークは、出発したときは生徒だったが、帰ってきたときは教師になっていた」。探検を通じて乗り越えたのは、険しい山々だけではなかった。手ごわい学びの山も踏破したのだ。過酷な経験が立てつづけに降りかかる旅の間、一行は空腹に苦しみながらも身軽に行動し、絶えず前へ足を運び、山を登りつづけた。そうやって開拓者精神を身につけていったのである。

本章では、以下の問いについて考えたい。世の中にはなぜ、経験不足に背中を押されて未知の世界に乗り出し、新しいフロンティアに到達できる人がいるのか？　その一方で、なぜ快適な場所に腰を落ち着けてしまう人がいるのか？　章の最後では、未開拓地で成功を収めた人たちの行動原理も探りたい。

「定住者」から「開拓者」へ変わるために

ルーキーは開拓者と同じように、つねに新たな土地に新たな道を切り開いていく。一方のベテランは、定住者さながらに居心地のいい場所から動かない。これは意外なことではない。同じことを繰り返せば繰り返すほど、簡単にできるようになり、その仕事をするための手段が手に入り、必要な学習が済み、必要な体制が整うのだから。

しかし、ものごとが簡単にできるようになると、座り心地のいい椅子にどっかり腰かけたときのように、安易に日々を過ごしかねない。なにかが必要なときも、椅子に座ったまま手が届く場所にあるもので済まそうとする。そう、快適ゾーンから出たがらなくなるのだ。

レバノンの詩人ハリール・ジブラーンは、詩集『預言者』で、この誘惑について語っている。

「快適への欲求、それはいつの間にか客として家に上がり込み、やがてもてなす側になり、そのうちに家の主人になっている」

私たちの調査によれば、ベテランは確実なものを好んで前例を踏襲する確率がルーキーの2倍に達する。知識と経験が豊富なベテランは、どのレストランに行っても同じメニューを注文するような仕事の仕方をする場合が多い。そういう人は、以下のような行動パターンに陥りがちだ。

①すでにあるもので満足する　「手のなかにある1羽の鳥は、草むらのなかの2羽に匹敵する」ということわざがある。手に入る保証がないものより、少なくても確実に手に入るものを大切にせよ、という意味だ。だが、1羽の鳥を大切にしすぎると、草むらのなかにいる2羽に目が向かなくなってしまう。すでに自分がもっているものにしがみつき、手放したがらなくなるのだ。

私は、パソコン画面に「ソフトウェアのアップデートができます」というメッセージがあらわれるたびに、こうした人間の性癖を思い出さずにいられない。なんの支障もなくパソコンを使えているのに、わざわざ動作の安定をそこないかねない操作をし、作業の生産性を下げるリスクをとる必要はないと、つい考えてしまうからだ。そして、「いまはアップデートしない」を選択する（本当は「一生アップデートしない」を選びたいのだが）。ようやくアップデートするのは、とうとうパソコンに支障が出てきたときだ。

②決まった手順に従う　知識や経験が増えると、ものごとのやり方が確立され、前例に従って行動するようになる。ベテランは、すでにできあがっているインフラ、手順、契約の枠のなかで行動しがちだ。それに対し、ルーキーは、「正しい」と思える方法をゼロから確立するぜいたくを味わえる。ある企業のマネジャーは、見えている新たな可能性と、実際に従っている手順の間の齟齬《そご》を日々感じているという。「経験豊富な人でも、いまの状態が最適ではなく、改善の余地があると気づくことはできる。ただ、ベテランは現状を変える難しさも知っている。そのため、現状を受け入れ、いままでと同じことを繰り返してしまう。そうするうちに、これがうちのやり方なんだと思

うようになる」

③快適ゾーンにとどまる　快適な環境をつくり上げた人は、外の厳しい環境に出ていく勇気が出にくくなる。ある急成長企業の花形セールスマネジャーもそうだった。この人物は素晴らしい仕事ぶりを高く買われて、それまで担当していたニューヨーク市から、もっと広いエリアを統括する役職に昇進した。問題は、彼がニューヨークでうまくいった方法をそのまま続けたことだ。これまでと同じように売り込み先に足を運び、地元の人脈を通じてセールスに励んだ。しかも、担当エリアが広くなったのに、居心地のいいニューヨークのオフィスで指揮を執りつづけた。結局、どうにかノルマは達成したものの、売り上げは伸ばせなかった。会社全体は急成長を遂げていたのに、である。人事部長はこの人物について、「大きな組織のリーダーは務まらなかったようだ」という烙印を押した。

定住者が不自由ない暮らしをしているのに対し、開拓者は自分の力でどうにかしなくてはならない。辺境のフロンティアで生き延びるためには、自分で食べ物を調達する方法を見いだす必要がある。しかし、そうやって力強く前に進みつづけることで、自力で危機を脱出するばかりか、それまで存在しなかったものをつくり出すことも多い。新しいものを創造するために欠かせないのは、探検し、学習し、失敗し、アドリブで行動する姿勢、そしてなにより、努力する意志だ。

サラ・ブレークリーの成功物語を聞いたことはある人も多いだろう。第1章でもふれたが、わずか5000ドルの元手で補正下着メーカーのスパンクス社を設立し、大企業に成長させた女性だ。きわめて現代的な消費者ニーズにこたえたブレークリーを成功に導いたのは、開拓者精神だった。

ファクスの機器を販売して年4万ドルを儲けていたブレークリーが新しいビジネスチャンスに気づいたのは、1996年のことだ。あるとき、白いパンツの下に穿（は）くのに適した下着がなかったので、自分でつくってみた。「パンティストッキングの足首から下を切ってみたの。肌ざわりは、お店で売られているどの下着よりもよかったけれど、問題もあった。どうしても、先端が丸まってずり上がってきちゃって。その夜、『どうにかして、ずり上がってこない方法を見つけなきゃ』と思ったわ」。ブレークリーは市場で満たされていないニーズを発見し、そのニーズにこたえる商品をつくろうと考えたのだ。

「手芸用品のお店に行って、バンドやそのほか役に立ちそうなものを買い込んだ。糸のことも調べた。……何百もの試作品をつくり、ようやく完成したのがスパンクスの最初の商品だったの」。このとき、ブレークリーは女性用衣類の製造のことも、会社経営のことも、まったく知らなかった。それでも、マーケティングの本をいくつか読んで勉強し、友達のパソコンを借りてロゴマークをデザインした。スパンクスという名前の商標登録も、本で勉強して自力で済ませた。

最初の2年間は、製造と販売をすべて自分でやったという。アイデアを実現するために、数え切れないほどの弁護士と工場に連絡をとったが、1社を除いてすべてに断られた。経験と後ろ盾がないことが敬遠されたのだ。人を雇ったときは、経験のあるマネジャーではなく、自分と同じように担当業務の経験がない人物を選んだ。製品開発と広報の責任者も未経験者だった。

ルーキーチームは、ブレークリーの自宅で精力的に働いた。商品が市場に出るまでは、オフィスやマーケティングツール、ビジネスツールの類いにお金をかけないことにしていた。それでも、チームは前進しつづけた。大量生産を実現する方法を見いだしたのは、高級百貨店ニーマン・マーカスの7店舗に商品を卸す大型契約がまとまったあとだった。ウェブサイトは、テレビの人気番組『オプラ・ウィンフリー・ショー』への出演が決まったあとで、あわてて制作した。こうして目の前の課題にひとつずつ対処しながら、地図のない土地を歩んでいった。

現在、スパンクス社の企業価値は推定で10億ドル超。62以上の国で男性用と女性用の補正下着を何百種類も販売している。スパンクスの成功を受けて登場した類似商品は何十種類にものぼる。ブレークリーはひとつの会社をつくっただけでなく、ひとつの業種をつくり上げたのだ。

皮肉にも、みずからの生活の快適さを追求することから始まった活動の先に待っていたのは、快適とはほど遠い世界だった。そのビジネスのフロンティアでは、必要なものはすべてゼロからつくらなくてはならず、逆境と障害を乗り越えなければ前に進めなかった。ブレークリーは言う。「失敗とは、結果がうまくいかなかったことを言うんじゃない。挑戦をしないこと。快適ゾーンの外で難しい課題に挑もうとせず、昨日の自分より進歩しようと試みないこと、それを失敗と言うのよ」

あなたは、地図のない土地に足を踏み出しているだろうか？　貪欲に行動せずにいられないほどの空腹を感じているだろうか？

【開拓者の3つの特徴】

ルーキーは、フロンティアに挑む開拓者と同じように、手ごわい環境を手なずけて生き延びるために猛烈な努力を払う。ダニエル・ピンクが著書『モチベーション3・0』（講談社）で指摘しているように、仕事で進歩したいという欲求ほど、強力で自然なモチベーションは少ない。未知の、たいていは不快な世界で活動するルーキーたちも、進歩したいと強く欲し、そのために精力的に行動する。

▼行動❶新しいツールや仕組みをつくる

開拓者はたいてい、その日その日を生き延びるために必要なものをかき集めながら生きている。そんな開拓者精神をもったグローバル企業がある。第3章で紹介したコンサルティング会社のBTSだ。未知の領域に挑むときに最も本領を発揮するフレデリック・シューラー副社長は、自社のビジネス哲学を次のように説明している。「うちの顧客は、私たちには経験がないタイプのプロジェクトだと承知のうえで依頼してくることが多い。私たちもその種の仕事を受注することに抵抗を感じない。やり方を見いだせる自信があるからだ」。こうしたルーキー精神が、会社の中核に根づいているのである。

BTSは、そもそも必要から生まれた会社だ。スウェーデンのストックホルムで戦略コンサルタントをしていたヘンリク・エーケルンドは、企業が戦略の実行に苦労しているのを目にし、シミュレーションを活用してクライアント企業の戦略思考を磨きはじめた。その後、顧客から自社用にカスタマイズされたシミュレーションを要望されるようになり、そうしたニーズにこたえるうちに、やり方がわからない仕事を受注することに自信をもつようになった。「経験不足」で成功する経験を、長年にわたって積んできた結果だった。

同社の成功の秘訣はふたつある。ひとつは、顧客と緊密に協力し、全身全霊で問題と向き合い、解決策の発見に尽くすというやり方だ。細かい段階にわけて小さな行動をとり、アドリブで改善を重ね、ニーズに合わせたシミュレーションをつくり上げるのだ。

もうひとつは、自由と責任を等しく重んじる人材戦略だ。「自由を与えれば、人はそのチャンスを生かすものです。ただし、自由には責任がともなうことも忘れてはなりません」と、ジェシカ・パリシ上級副社長（西部アメリカ地区担当）は言う。幹部たちは、ルーキーを試練から守るのではなく、あえて試練を与える。経験はなくても聡明で勇敢な若手スタッフがいれば、堂々と最前線に送り出す。そのおかげでルーキーは顧客と直接交わり（クライアント企業の幹部や最上層レベルの経営陣とも会う）、自分たちが解決しなくてはならない問題の難しさを実感できる。ヘンリクは過去30年の経験を振り返り、「人はものごとにはじめて挑むとき、情熱的に、そして勤勉に取り組むものだ」と述べている。

その一方で、上級幹部たちは若手の仕事ぶりに目を光らせてもいる。問題の芽を探し、細いロープの上で綱渡りしているルーキーが転落した場合の安全ネットの役割を引き受けているのだ（第8章で詳述）。

同社はいま、世界の大企業上位100社のうちの26社、フォーチュン誌上位100社のうちの3分の1を顧客にしている。

▼行動❷アドリブで行動する

「資源《リソース》がなければ、人は知恵を絞る《リソースフル》ようになる」と述べるのは、アメリカ航空宇宙局（NASA）の元ロケット科学者で、ブルームエナジー社のCEOでもあるK・R・スリダーだ。道具や手立てがないときは、だれもが往年の人気テレビドラマ『冒険野郎マクガイバー』の主人公のようにふるまわなくてはならない。悪と戦う組織の秘密工作員であるアンガス・マクガイバーは、ピンチに陥ると、ガムテープやスイス・アーミーナイフといった身近な道具を使って切り抜けた。

第2章に登場したナヴィ・ラジュとジャイディープ・プラブ、シモーヌ・アフージャの3人も、共著『イノベーションは新興国に学べ！』（日本経済新聞出版社）で、マクガイバー流の知恵の絞り方について論じている。この本で彼らは、コストをかけずに素早くイノベーションをおこなうアプローチを「ジュガード」という言葉で表現している。これは、「創造的もしくは革新的な工夫により、手っ取り早く問題を解決する」姿勢を意味するヒンディー語およびウルドゥー語由来の言葉だ。

「ジュガード・イノベーション」の核を成すのは、資源が乏しいときには創意工夫の力が高まるという考え方だ。実際、コロラド大学のC・ページ・モローによると、十分な時間さえあれば、資源の制約は創造的思考をあと押しするという。「創造性が要求される課題に取り組む際に、なんらかの制約を受けると、いっそう創造性の高い思考が実践される」

私たちの調査によれば、ルーキーはベテランに比べて、2倍も資源やスキルの不足を感じている。だから、とりあえず手に入るものでどうにかしようとする。また、マネジャーたちに対する調査では、ルーキーはベテランに比べて「傲慢な態度をとらない」度合いが44%高く、「自分の私的なニーズを後回しにする」度合いが40%高い。ルーキーは過剰なうぬぼれをもたず、アドリブで状況に対応し、つねに前進しつづける。言うなれば、即興派の非完璧主義者なのだ。

ジェーン・チェンが、スタンフォード大学ビジネススクールの「超低コストの起業デザイン」というコースを受講したのは、2007年のことだった。そのコースで与えられた課題は、「途上国でのニーズにこたえられる低価格の乳児用保育器をデザインせよ」。当時、保育器は2万ドルもした。このとき、ジェーンとチームのメンバーは、現状を入念に検討し、途上国では早産の大多数が農村部で起きていることを知った。近くに病院がないケースが多いことも知った。そこで、単に低コストなだけではなく、病院以外の場でも使えて、電力を必要とせず、簡単に運べて、訓練をまったく、もしくはほとんど受けずに操作でき、消毒もできる保育器をつくりたいと考えた。これでもかというほど制約を積み重ねたのだ。

それでも、プロジェクトが暗礁に乗り上げることはなかった。むしろ、その正反対で、制約のおかげで真に革新的な保育器、過去に類のない保育器が生まれた。ジェーンが開発した保育器「エンブレース・インキュベーター（抱っこ保育器）」は、寝袋のような形をしている。そのなかに未熟児を包み込み、ポケットのなかの蓄熱材で体を温める。蓄熱材は4時間持続し、冷めても熱湯に入れれば数分で戻る。しかも熱湯で消毒でき、小型で持ち運びやすく、操作も簡単。そのうえ、コストはたったの25ドルだ。

制約にぶつかると、人はアドリブで工夫する。それが発明をもたらし、私たちを新しい世界に導いてくれるのだ。

▼行動❸ 猛烈に努力する

パウロ・コエーリョは、著書『アルケミスト』（角川文庫）で次のように書いている。「砂漠に足を踏み入れたら、振り返ってはならない。……うしろを振り返ることを許されなければ、前に進むための最善の方法を考えるしかなくなる」。最も高いモチベーションをいだけるのは、選択肢のない人たちなのだろう。

沈没船を探索するスキューバダイバーが、船内の狭い通路を進んでいる。3分の2ほど行ったところで、レギュレーターのホースがどこかに引っかかって絡まってしまう。ダイバーは重要な決断を迫られる。引き返すか、前に進むか。しかし現実には、いまさら暗く狭い通路を戻ることは不可能だ。どうにかホースの絡まりをほどいて、前に進む方法を見つけるしかない。

同じように、フロンティアに奥深く踏み込んだ人は、障害をはねのけて前進する以外にない場合が少なくない。たとえば、新しい役職に異動したときも、元の役職に後任者が採用されてしまえば、もう前に進むほかないだろう。

私たちの調査によれば、大幅な知識不足と能力不足に直面した人は、とくに次のようなケースで猛烈に前進する。

①最低限必要なものが得られていない　はしごの下のほうの段にいるとき、そこが水中に没していれば、早く階段を上ろうとする。それと同じことだ。

②新しいプレーヤーである　チームに加わったばかりの人は、自分の実力を証明したいというモチベーションが高い。マネジャーたちの回答によれば、失敗したときにくじけずに頑張りつづける可能性は、ルーキーのほうがベテランより12％高い。また、ジョージア大学のロジャー・ヒルの研究でも、フルタイムで働くようになって2年未満の人は、2～8年の人に比べて際立って高い勤勉性を見せるという。

③人の目にさらされている　多くの人に見られているとき、退却は敗北に等しく感じられる。私たちの調査によれば、プレッシャーや監視の目にさらされたとき、より一生懸命に長時間仕事に打ち込む可能性は、ルーキーのほうがベテランより40％も高かった。同様の状況にあるとき、失敗

できないというプレッシャーに押しつぶされそうになる可能性は、ベテランのほうが30％高かった。

やんちゃなハッカーだったマーク・ザッカーバーグも、人々の視線にさらされることにより、フェイスブックという巨大企業のＣＥＯに成長していった。２００５年、ハーバード大学の学生寮を出てシリコンバレーの過酷な世界に飛び込んだとき、彼を待っていたのは厳しい視線だった。多くの人が彼のことを、まともに人付き合いもできないテクノロジーオタクとみなし、自分と友達のプライベートなデータを安心して託す気になれなかった。エキセントリックで天才肌の子どもっぽい経営者に本物の企業は経営できない、という見方も多かった。いずれにせよ、だれもが手並みを厳しく評価しようと手ぐすね引いていた。

そうした環境で、ザッカーバーグは自分を変えることに励んだ。サービスの開発に粘り強く取り組んだだけではない。ビジネスリーダー向けのコーチを雇ったり、尊敬するリーダーたちの言動を徹底的に研究したりもした。スタッフの士気を高めようと、全社員参加のミーティングも開くことにした。とびきり優秀な人材を雇うための採用活動に力を注ぎ、スタッフの力を引き出せる独特な企業文化も築いた。２００９年には、１年間通して毎日ネクタイをした。いつもパーカーを着ているイメージを払拭し、真剣さを印象づけるためだった。その後も、フェイスブックのあり方についてビジョンを共有でき、自分に足りないスキルを備えている有能な人材を採用しつづけた。

ザッカーバーグはフェイスブックを築く過程で、自分にとっておそらく最も大きなギャップ、すなわちＣＥＯとしての資質の不足を埋めていった。プログラマーにありがちな一夜漬けではなく、何年もかけて試行錯誤を重ね、ついにビジネスリーダーにふさわしい資質を身につけたのである。

【開拓者になるための具体策】

スキルや経験が不足していて精力的に努力するルーキーと、洗練された経験豊富なベテランのいずれかを選ぶとき、マネジャーが前者を選ぶべき理由はどこにあるのか？　比喩的に言えば、ベテランはすでにゴールに到達した人間、ルーキーはゴールに向けて進んでいる人間だ。奮闘するルーキーは、過酷な仕事を進んでおこない、厳しい環境や難しい課題にも耐える場合が多い。自分の限界を押し広げられるのは、そのような厳しい環境に身を置くときだ。ほかに選択肢がないとわかれば、人はどんなに手ごわい障害でも乗り越えられることがある。

1519年、スペインの探検家エルナン・コルテスは、メキシコ東海岸のベラクルスに上陸した。このときコルテスは、部下の謀反と逃亡を防ぐために、乗ってきた船を焼き払わせた。こうして、引き揚げるという選択肢を閉ざしたうえで、兵士たちを率いて内陸に進軍し、アステカ帝国の都テノチティトランを征服したのだ。

フランシスコ・セルバンテス・デ・サラサールは、1546年の著書『人間の尊厳の対話』で、この精神を「船を焼く」という言葉で表現した。船が焼かれて退路を断たれれば、無理やりにでも前に進むしかない。自分が退却しないようにする秘訣、それは船を焼くことだ。

①自分をあえて「資質不足」にする　途方もなく手ごわくて、居心地悪い仕事をしているときに、最も質の高い仕事ができ、キャリアのなかでも最も大きな成功を収められる場合がある。あなたも思い切って、十分な資質がない仕事に就いてみてはどうだろう。自分の強みを生かすのではなく、あえて快適ゾーンの外に足を踏み出して、学習ゾーンに乗り込むのだ。たぶん、自信がもてて安全に思える場所に引き返したくなることもあるだろう。そういうときは、コルテスの教訓に学び、船を焼き払う。前に進むしかない状態に自分を追い込もう。

具体的には、以下のようなことが考えられる。

- **新しい分野の仕事を選ぶ**　一般消費者向け製品のマーケティングチームを運営している人なら、法人向け製品を扱う部署に異動し、新しい市場でのリーダーシップを学ぶ。
- **役割を広げる**　部署のプログラムを一段上の段階に発展させ、全社規模の取り組みを手がける。
- **身の丈以上の課題に挑む**　自分の力量よりいくらか手ごわい課題に挑む。

②「半分エキスパート」になる　エキスパートになるには、時間がかかるし骨も折れる。しかし、意識的に問いを発すれば、ある程度のところまでは短期間で学べる。これまで述べてきたように、専門家に話を聞き、それぞれの分野の基礎について教えを乞い、最新の発見や議論、ジレンマについて尋ねればいいのだ。役づくりをする俳優や取材をするジャーナリストになったつもりで学んでみよう。テレビドラマで宇宙物理学者を演じるとしたら、なにを知っておくべきだろう？　ソーシ

ャルメディア専門家の取材で知的な会話をするためには、どんな下調べをしておけばいいだろう？

③つねに自分を問題に縛りつける　数々の著作で知られるコンサルタントのジェフリー・ムーアが以前、思考と作品の鮮度を保つ秘訣を教えてくれたことがある。それは、「コンサルティングのクライアント企業で、自分の知っていることだけを話してよしとしない」ということだった。そのために、顧客の抱えている問題に自分を縛りつける。問題解決に心血を注ぎ、それに引っ張られる形で未知の世界に誘われることを期待してのことだ。

あなたも、教えるだけでなく、みずからも学ばなくてはならない環境に身を置こう。ジェフリーは、私にこう言った。「問題からけっして手を放さない。息を止め、その問題が自分を水の中に引きずり込むのを待つ。そうすることで、毎日まったく新しい経験ができる」

【開拓した人だけが得られるものがある！】

「オープンな精神さえもっていれば、フロンティアはつねにある」と言ったのは、発明家のチャールズ・ケタリングだ。地球上の土地はほぼ開拓されたかもしれないが、人間の精神は新しい世界を探検しつづける価値がある。私たちは、地図に載っていない領域を大切にしなくてはならない。

フロンティアに向かう人の動機はさまざまだ。冒険心に突き動かされる人もいれば、現状への猛烈な不満が原動力になる人もいる。なかには、だれかに背中を押してもらう必要がある人もいるかもしれない。いずれにせよ、自分の専門知識が通用する快適ゾーンの外に一歩踏み出した人は、学習し、前進し、成長の果実を得るチャンスを手にできる。リーダーシップをテーマにブログを書いているダン・ロックウェルも言うように、「人が成長できるのは、快適と非快適の境目の辺境地帯にいるとき」なのだ。

文明世界が拡大するにつれて、フロンティアは縮小してきた。未開だった土地も地図に記されて簡単に行けるようになり（それどころか、心地よい都会からノートパソコンでアクセスすることもできる）、解明された世界の一部になった。途上国も先進国の仲間入りをしている。しかし、ことに精神の冒険に関しては、定住地に腰を落ち着けてはならない。あくまでも暫定的なキャンプにとめるべきだ。南アフリカの黒人指導者ネルソン・マンデラは、こんな言葉を残している。「私たちは、大きな山を登り切ったと思ったら、まだいくつも大きな山を越えなくてはならないと思い知らされる」。マンデラが生きたのは、まさにそのような人生だった。

険しい山を登るのは骨が折れる。だが、その旅を終えたときに得られるものは、目をみはるほど大きい。

第5章のまとめ

- 開拓者は、地図に記されていない、しばしば不快な土地に乗り出していく。そして、そのような環境で生き延びるために、アドリブでものごとに対処し、基本的なニーズを満たすために絶えず精力的に行動する。
- 定住者は、すでに開拓された土地に身を置き、多くの資源を入手できる。そのため、前例を踏襲し、快適な行動を好む傾向がある。

《思考パターンと行動パターン》

	ルーキー・スマートのモード＝開拓者	ベテランの快適ゾーン＝定住者
環境	地図に記されていない土地に乗り出し、必要な資源をもっていない。	すでに開拓された土地に身を置き、基本的なニーズが満たされている。
思考パターン	未知の世界を前進しなくてはならないので、ハングリーにある意味では死に物狂いで、絶えず精力的に行動する。	ニーズが満たされているので、快適さを維持し、安楽な状態をつくり出そうとする。
行動パターン	①新しいツールや仕組みをつくる。 ②アドリブで行動する。 ③猛烈に努力する。	①すでにあるもので満足する。 ②決まった手順に従う。 ③快適ゾーンにとどまる。
結果	限界を押し広げ、責任をもって行動し、新しい価値を生み出す。	簡単に手に入る資源に頼り、建設者ではなく消費者になる。

《開拓者になるための具体策》 以下のいずれかを実行すれば、開拓者の精神をはぐくむことができる（詳しくは174～176ページ参照）。

❶自分をあえて「資質不足」にする。
❷「半分エキスパート」になる。
❸つねに自分を問題に縛りつける。

Ⅱ

ルーキー・スマートのはぐくみ方

第6章 そして、永遠のルーキーに！

すべてを知ったあとで学ぶこと、それがものを言う。
――ジョン・ウッデン（米バスケットボールの名コーチ）

「どうすればいいか見当がつかなかったけれど、なぜかそれが強みになった」。これは、ボブ・ハーレーが、ハーレー・インターナショナルのこれまでを振り返って述べた言葉だ。この会社は、エクストリームスポーツ関連グッズの有力メーカーである。ボブ・ハーレーは、カリフォルニア州コスタメサの本社で、サーフボード制作に用いる平削り用の電動工具「スキル100」を手にもちながら、創業の原点について語ってくれた。1970年代後半の話だ。

日光で脱色されたブロンドヘアのハーレーは、カリフォルニアのハンティントン・ビーチ（アメリカのサーフィンの都とも呼ぶべき町）の一角にあるサーフショップで働いていた。店長に頼み込んでサーフボード制作の担当にしてもらったのは、客の応対が苦手だったからだ。

まだ若かったが、養わなくてはならない妻子がいた。職を失うわけにはいかないハーレーは、サーフィンの世界では珍しいことだが、仕事をいつも納期内に仕上げた。そのうちに、彼のつくったサーフボードで試合に出場するトップサーファーがあらわれはじめた。ついには、サーフィン仲間のアーロン・パイがサーフショップを買い取り、2400ドルの報酬と引き換えに、サーフボードを8つ制作してほしいと持ちかけてきた。「ハーレー」の名前を冠したブランドで売り出したい、と言ったのだ。

こうして、ハーレー・サーフボーズが誕生した。のちに自分のサーフショップを開店したあとも、このときパイが自分を信じて賭けてくれたことを忘れたことはなかった。そしてみずからも、自分がしてもらったのと同じようにほかの人を信頼した。

あるとき、ハーレーは店でボードショーツを扱おうと思いつく。目をつけたのは、オーストラリアのビラボン社が出している話題の新製品、丈の長いパンクスタイルのショーツだ。だが、どうすれば同社の商品を扱えるのか見当がつかない。そこで、社長のゴードン・マーチャントに宛てて手紙を書いてみた。

何カ月経っても、何十通書いても、なしのつぶてだった。でも、ある日、マーチャント本人がふらりと店を訪ねてきて、永遠の少年のようなハーレーに、製造と販売のライセンスを認めてくれた。これを機に、ハーレー・インターナショナルの売り上げは年間7500ドルから30万ドル、さらには70万ドルへと増えていった。

ところが、問題が持ち上がった。300万ドル相当の注文を受けていながら、製品をつくる原材料の購入費用が底を突いてしまったのだ。

20万ドルの融資枠を認めてもらおうと金融機関を回ったが、すべて断られた。最後に相談したのがサム・サイモンだった。当時85歳。ロサンゼルスの衣料品企業に積極的に融資していた金融機関のトップである。ハーレーは状況を説明し、担保にできる財産もなく、ビラボン社と正式な契約書も交わしていないと正直に話した。すると、サイモンは自社の融資委員会に諮らずに、握手だけで現金を用立ててくれた(委員会は融資に反対したに違いない)。

若い会社はこの資金で成長を続け、やがて自前のブランドを立ち上げて、若々しいサーフィン・カルチャーとスケートボード・カルチャーに根差した商品を販売するようになった。現在はナイキ傘下に入り、同社の活気あるアクションスポーツ部門の一翼を担っている。

ボブ・ハーレーは、会社の草創期にルーキーらしく行動しただけでなく、いまもルーキー・スマートを失っていない。私が本社を訪ねたときも、受付まで迎えにきてくれたのだが、途中で子どもみたいに社員たちとハイタッチしたり、期待の新製品を披露したり、デザイナーたちに最新の仕事への称賛の言葉を伝えたりして、オフィスに着くまでに15分もかかった。オフィスでも、これまでの自慢の商品の数々や、パンクロック関連の収集品、そのほかのさまざまなオモチャを見せびらかした。

失敗することは怖くないけれど、平凡になることは心底恐れている、とハーレーは私に言った。「会社の規模が大きくなると停滞するんじゃないかと、いつも怖いんだ」。彼とその会社は、平凡になることへの不安に突き動かされて、できることの範囲を押し広げつづけているのだ。

とはいえ、いつも情熱的で積極的な永遠のルーキーであるハーレーにも、なににも心が動かず、覇気《はき》のない日はある。そういうとき彼は、オーストラリアのサーフィン世界チャンピオン、ウェイン・「ラビット」・バーソロミューと偶然出会ったときのことを思い返すようにしているという。

1970年代のサーフィン界には、確固とした序列があった。ハンティントン・ビーチでも、スキルごとにはっきりとグループがわかれていて、異なるグループとは交わらなかった。いちばんいい波が来る場所はトップサーファーが占領し、初心者やよそ者は小さな波しか来ない場所に押しやられていた。

ハーレーは、トップサーファーグループの隅っこにいたが、ある日、サーフボードを流され、それを追いかけて桟橋のほうまで泳いでいくと、ラビットが見えた。彼は桟橋の反対側の海で、ティーンエージャーや20代の若者たちと一緒にサーフィンをしていた。思わずそばまで泳いでいき、声をかけた。

「わあ、ラビットさん！　あなたは伝説のサーファーだ。こんなところじゃ狭いでしょう。向こうでぼくたちと一緒にやりませんか」。ラビットは礼を言ったが、申し出は断った。「たしかにここは狭い。でも、若い連中のそばにいたいんだ。エネルギーをもらっているから。彼らから学ぶことがあるんだよ」。そう言うと、その場でまたサーフィンを始めたという。

ラビットと同じように、いまではハーレーも、若者や気持ちの若い人から刺激を受けている。行き詰まりを感じたときは、サーフボードを抱えてビーチに行き、波に乗る。プロとは一緒にやらない（ハーレー・インターナショナルがスポンサーになっているプロサーファーも何人かいるのだが）。サーフィンの仲間は、いつも子どもや初心者や無名のサーファーたちだ。彼らと一緒にいると、驚きを与えてくれるから。ときには、社内のルーキーの元にも足を運ぶ。そして、自分のアイデアを披露して反応を見たり、大胆な選択肢を議論したりする。

永遠のルーキーとは、「豊富な経験と実績を重ねてもルーキーの思考パターンを失っていない人」である。このタイプのリーダーは、「驚く心」をもちつづけている。好奇心があり、謙虚で、楽しいことが好き。自分がなにかに習熟しているという誤った思い込みにしがみつかず、仕事と生活の場でいつまでも精力的に学びつづける。永遠のルーキーは、立場や状況ゆえにルーキーなのではない。ルーキーであることを意識的に選択し、訓練をしているのだ。

そのような選択は、私たちだれもができる。

5人の永遠のリーダーの共通点

ルーキー・スマートを維持しつづけられる人たちは、なぜそれが可能なのだろう？　彼らは、なぜ多くのベテランがはまる落とし穴を避けられるのだろう？

その答えを探るために、ここでジャンルの異なる5人の魅力的なリーダーを紹介したい。

アスリートの例　マジック・ジョンソンが大方の予想を裏切り、1980年のNBAファイナルでルーキーとして史上最高の活躍を見せたことは、第1章で述べたとおりだ。しかし、目覚ましい行動をとったのはこのときだけではない。マジックは、まだロサンゼルス・レイカーズでプレーしていたときから、引退後の人生を考えはじめていた。引退したあと、ビジネスで失敗するスポーツ選手の例は枚挙にいとまがない。そうならないために、ビジネスに関するアドバイスを求め、専門家の人脈を築きはじめたのだ。ビジネス雑誌を読み、ビジネスの世界についてあらゆる情報を吸収した。遠征途中にビジネス関係者に話を聞きにいったりもした。

そして引退後、いくつかのビジネスを立ち上げて成功させた。多くの慈善事業もおこない、さらに現在はレイカーズと大リーグのロサンゼルス・ドジャースの共同オーナーにもなっている。2012年にドジャース買収を目指す投資グループの中心になったときは、子どもの頃にしか野球経験がないことを不安視する声が上がったが、こう答えた。「野球経験があるかって？　答えはノーだ。野球が好きかって？　答えはイエスだ」。その後も野球について学び、情熱と遊び心で球団経営に臨み、野球の世界にお得意のショー的な要素を取り入れた。

アーティストの例　アニー・リーボヴィッツは、現代で最も高い評価を受け、最も多くの作品を発表していると言ってもいい写真家である。有名人のポートレートのあり方を変え、歴史に残る作品をいくつも撮ってきた。横になって絡み合うジョン・レノンとオノ・ヨーコ、妊娠中のデミ・ムーアのヌード、白馬にまたがるアーノルド・シュワルツェネッガーなども、彼女の手によるものだ。ただし、大半の有名写真家と違って、ポートレート撮影用の大きなスタジオはもっていない。特定の場所で撮ることによる制約を受けたくないからだという。まさにバックパッカーの精神だが、それは服装にもあらわれている。撮影現場には、いつもおなじみのハイキングブーツでやってきて、水のなかにも踏み込み、泥を蹴散らし、あらゆる細部に気を配る。

2007年には、ディズニーから「夢の肖像画シリーズ」の仕事の打診があった。有名俳優がディズニー作品の世界を再現する写真シリーズだという。リーボヴィッツは驚いた。絵本のような魔法の世界をつくり出すディズニーと、甘ったるさを排した先鋭的な美を追求する自分の組み合わせは、まるで調和しないように思えたからだ。素晴らしいストーリーを深く愛している、という共通点に気づいて引き受けたものの、未知の領域であることに変わりはなかった。「快適に歩める道ではなかった。まるで勝手がわからず、安全ネットのない場所で空を飛ぶような状態だった」

被写体を選定するにあたっては、その役を演じることに強い意欲をもっている人物であることを重視した。第1弾のキャラクターはシンデレラ、起用されたのは女優のスカーレット・ヨハンソンだった。ヨハンソンは、シンデレラというだれもが知っているキャラクターを演じることを千載一遇のチャンスと考えていた。

リーボヴィッツは撮影に先立って、過去のシンデレラの映像化作品を何十作も研究した。そして、ストーリーのなかで最も緊張が高まるシーンを探った。もちろん、当日は細部まで徹底的にこだわった。

こうして、時計が真夜中の12時を回った瞬間、階段を駆け下りるシンデレラの希望と絶望を見事に活写した作品が仕上がった。長年の協力者で友人でもあるゴードン・ボーウェンは言う。「世界でいちばん有名な写真家ともなれば、なんでもよく知っていそうなものだ。でも、アニーはどの仕事にも初仕事のように臨むんだ」

思想家の例　ピーター・ドラッカーは、著述家、大学教授、経営コンサルタントとして活躍したビジネス思想家である。生態学者が生物界を観察するように、彼は人々の組織形成と職場での関わり方を観察した。

カリフォルニア州クレアモントのクレアモント大学院大学にあるドラッカー研究所には、40冊の著作が刊行順に陳列してあるが、その3分の1ほど進んだところに『見えざる革命』がある。これが65歳のときの著書だというから驚きだ。つまり、彼の著作の3分の2は、一般に引退年齢とされる歳以降に書かれたものなのだ。

ドラッカーは、「グル（師）」と呼ばれて持ち上げられることを嫌った。「イカサマ師（charlatan）」という単語が新聞の見出しには長すぎるから、代わりに「グル（guru）」と呼ぶのだろうと言っていたくらいだ。ドラッカー研究所によれば、この偉大な思想家を執筆へと突き動かしたのは、「周囲の世界に対する飽くなき好奇心、そして世界をよりよい場所にしたいという強い欲求」だった。そうした好奇心と欲求があったからこそ、「たいていの人がペンを置く年齢を過ぎても、長く書きつづけられた」のだという。

ジャーナリストの例　2013年に死去した政治記者のヘレン・トーマスも、高齢まで働きつづけた著名人だ。

その長いキャリアは、数々の「女性初」に彩られてきた。女性初のホワイトハウス担当記者、女性初の全米記者クラブのオフィサー、女性初のホワイトハウス記者協会の会員、さらには女性初の同協会会長も経験した。

「歯に衣《きぬ》着せず、無遠慮で、厳しく、迫力があり、手加減をしない」ことで知られるトーマスは、相手が嫌がる鋭い質問を発しつづけ、多くの大統領をきりきり舞いさせた。記者人生は70年。ホワイトハウス記者としてジョン・F・ケネディ以降の歴代大統領を取材し、89歳の誕生日は、ホワイトハウスの記者会見室でバラク・オバマ大統領に祝ってもらった。強い好奇心と意欲、持ち前の揺るぎない信念と無尽蔵のスタミナの持ち主と評されている。

ジャーナリストは厳粛な仕事だが、仕事をとても楽しんでいたようで、こんなことを言っている。「仕事を愛している。毎日働きに行くのが楽しい職業を選べて、幸せだと思うわ」。「生涯働きつづけるつもり。楽しいことをやめる必要なんてないもの」

起業家の例　「永遠の少年」というイメージの強いイーロン・マスクは、当代きっての偉大な起業家のひとりと評価されている。オンライン決済サービスの巨人ペイパル、太陽光発電システムのソーラーシティ、NASAの委託で宇宙にロケットを打ち上げているスペースX、高性能の電気自動車をつくっているテスラ・モーターズなど、創業もしくは参画した企業を次々と成功させてきた。

マスクは究極の独学家だ。8、9歳のときに百科事典「エンサイクロペディア・ブリタニカ」を全巻読破し、12歳でコンピュータのプログラミングを独学で学んだという。故郷の南アフリカをあとにしてアメリカに渡ったのは、15歳のとき。ペンシルベニア大学では物理学とビジネスを専攻し、宇宙工学、電気工学、自動車工学は独学で習得した。マスクが「連続起業家」として成功できたのは、熱烈な「連続学習者」だったからでもあるのだ。

これらの人が永遠のルーキーであることは、驚きでもなんでもない。ルーキー・スマートの持ち主であることこそ、彼らが輝きつづけている理由にほかならないからだ。もっているスキルや才能はまちまちだが、ルーキー・スマートを枯渇させないために必要な資質をもっている点は共通している。その資質とは、飽くなき好奇心、生涯を通じて学習する謙虚さ、遊び心、そして意識的・計画的に目標を目指す姿勢（計画性）である。

以下、それぞれについて具体的に見ていこう。

▼好奇心

好奇心とは、なにかを知りたい、学びたいという強烈な欲求のことだ。軽い興味とは違う。それは、知識と理解への渇望感、新しい経験への飢餓感とも呼ぶべきものである。この欲求の原点は、自分の「知らないこと」が「すでに知っていること」よりおもしろいはずだという深い確信にある。好奇心の持ち主は、相手を質問攻めにしたり、鋭い問いを投げかけたり、仕組みを知るために電子機器を分解せずにいられない。

好奇心がある人は、周囲の人たちから学ぶことで、ものごとを理解し、探求や探索をしたいと思っている。関心が自分の外にあるのだ。

心理学者は、好奇心をふたつのタイプにわけて考える。ひとつは「特殊的好奇心」だ。このタイプの好奇心によって、人は知識を掘り下げ、専門性を深めたり、情報を思い出す力を高めたりする。もうひとつは「拡散的好奇心」だ。このタイプの好奇心は人に多様な感心対象を追求させ、新しい可能性に対してオープンな精神をもたせる。そのおかげで、私たちは問題を別の角度からとらえ直し、固定観念に反する道を探索し、ひいては仕事の成果を高められる。どちらのタイプの好奇心も、人をルーキー・モードに転換させる力がある。このふたつによってアイデアを探し、渇望感を失わず、オープンな態度をもつよう促せるのだ。

好奇心はまた、勤勉さとやり抜く力の土台にもなる。さまざまな研究によると、好奇心をいだいている人はそうでない人に比べて、答えを探すために懸命に努力する傾向が強いという。

さらに、好奇心の持ち主は、組織にも大きな影響を及ぼす。問いを発する彼らの姿勢が、弱さではなく強さを生み、新しい可能性を開くのだ。

ペイパルの上級エンジニアリングマネジャーであるモイエド・ワヒドは、私たちの調査結果を知ると、さっそくチームのメンバーに課題を与えた。それは、知っていることをいったんすべて忘れ、はじめてこの仕事をするつもりで考えよ、という課題だった。みずからも率先してそれを実践し、自分の考えを述べたり、具体的なフィードバックを与えたりする代わりに、「どうして?」「もっとよくする方法はないかな?」といった問いを意識的に投げかけた。

モイエドの好奇心によってみずからの好奇心に火をつけられた部下たちは、それまでの10倍も精力的に働くようになった。顔を輝かせて新しい発見や新しい解決策を報告することも増えた。「私が知らないことはあまりに多い。チームの面々の考えを聞かせてもらう必要がある」と言うモイエドは、永遠のルーキーにほかならない。「異論は歓迎だ。ものごとを深く考えるきっかけになるからね。私にとって最高の1日とは、自分の考えが間違っていたとわかったり、新しいことを学べたりする日のことだ」

臨床心理学者のヘンリー・クラウドはこう記している。「確信をもっている人はとても弱く、好奇心をいだいている人はとても強い。確信は学びを妨げ、好奇心は変化の原動力になる」

好奇心の生物学的位置づけはあまり解明されていないが、大半の研究者の見解が一致していることもある。好奇心は人が生来もっている基本的な感情だが、習慣や繰り返しの仕事などさまざまな要因により、その火はあっさり消えてしまう、というのだ。では、失われた好奇心はどうすれば取り戻せるのか? そう、決まった行動パターンを打ち破り、未知の状況に身を置けばいい。そうやって思い込みを揺さぶり、五感を圧倒する大量の情報にふれることが重要な鍵だ。

▼謙虚さ

永遠のルーキーたちは、多くの成功を成し遂げても、うぬぼれず、謙虚でありつづける。ウェブスター英語辞典は、謙虚さを「自分がほかの人より優れていると思わない性質、もしくは状態」と定義する。しかし私には、インドの哲学者で政治家だったサルヴパッリー・ラーダークリシュナンの言葉のほうが示唆に富んでいる。ヒンズー思想によれば、謙虚さとは、先入観をいだかず、すべての人やものごとについて学習し、熟考し、理解するのに最適の状態をいう。

ものごとを学ぶ最初のステップは、自分がすべてのことを知っているわけではない、という現実を認めることだ。自分の限界を知っている人は、導きを求め、修正されることを拒まない。謙虚な姿勢があれば、どんなに専門知識があり、高い地位に就いている人でも、コーチを受け、教わることができる。

しかし、聡明で成功している人がうぬぼれという病に感染するケースはあまりに多い。政治家やプロスポーツ選手に始まり、学校の校長、企業幹部にいたるまで、実に多くの人がこの病気にかかる。その弊害がとくに大きいのはビジネスの世界だろう。歴史ある大企業も新興企業も、この病に倒れてきた。テクノロジー企業の幹部でブロガーでもあるフレデリック・ケレストの言葉を借りれば、うぬぼれている人間は「傲慢、自己満足、無敵感に陥り、最も重要なこと、つまり顧客を成功させるという目的を見失う」のだ。

人は、自分を実際以上に大きく、強力で、有能だと思うと、発想が内向きになり、自分の力だけで問題に対処しようとする。過去に成功できたのは、自分の外に目を向け、導き手やメンターの支援や助言を受け入れた結果だったはずなのに……。うぬぼれは、進歩を阻む最大の障害だ。

ただ、幸いなことに、うぬぼれにより破滅した組織や個人が多くある一方で、謙虚な行動が組織全体を大きく変えた例もある。

私があるテクノロジー企業の仕事をしていたときのことだ。当時、業界は激変に見舞われていて、会社は急成長を遂げ、大きな変化を経験していた。ある日、私のチームに、幹部社員たちに会社の成長戦略を理解させ、それを遂行するスキルをもたせよという任務が課された。そこで私たちは、社長、最高財務責任者(CFO)、最高技術責任者(CTO)という3人のトップと緊密に連携しながら、幹部社員向けの大々的なプログラムを築き上げた。

1期目のプログラムがスタートした。おおむねうまくいったが、3人のトップによる戦略の説明がよくわからないという不満の声も上がった。そこで、いくつかの点を修正した。ところが、参加者を入れ替えた2期目は否定的な評価がさらに増え、3期目になると、参加者の反応は敵対的と言ってもいいほど厳しいものになった。3人のトップがもっと明快に戦略を説明できないのなら、やめにしたほうがいいという声まで出た。

私は3人と面談し、参加者の声を伝えたが、彼らはいつもと違ってなにも言葉を発しない。言われていることが理解できないのだろうと思った私は、もう一度、問題点を説明した。すると、ジェフ・ヘンリーCFO（私の上司の上司だ）が感情をむき出しにして、ぶちまけた。「リズ、君に説教されるまでもない。問題があることはわかっている。だが、どうすればいいかがわからないんだ」。ジェフはふたりのトップ（私もとても尊敬していた人たちだ）を手で示しながら、当たり前の事実を告げるように言った。「私たちも売上高250億ドル規模の会社なんて経営したことがない。はじめての経験なんだよ」

社長とCTOもうなずいて聞いている。驚いた。ベテラン経営者たちにも学習すべきことがあるなんて、思ってもいなかったからだ。ジェフはこう続けた。「どうすべきかを学ぶ手助けをしてくれれば、とても助かる」。自分に足りない部分を率直に認める姿勢に、私は心を打たれた。

結局、この謙虚な言葉がすべてを変えた。私は、最高幹部たち（と私）がある有名な戦略論の教授から戦略を学ぶ場を設けた。教える側から学ぶ側に転換したのだ。そして、それに基づいて戦略を再構築した。すると、次のプログラムは目覚ましい成功を収めた。だれもが大満足だった。明快で説得力ある成長戦略を聞けた参加者たちにも、自分を成長させられた3人のトップにも、恩恵がもたらされた。

変化が速い時代には、トップリーダーも含めて全員が、目の前の状況に泥縄式で対応しなくてはならないが、そのとき、自分が「知らない」ということを認められれば、そこから素晴らしい結果が生まれはじめる。

▼遊び心

ものごとに習熟するために必要なのが意識的な訓練だとすれば、永遠のルーキーであるために必要なのは、意図的な遊びだ。

職場に遊びの要素を持ち込み、リラックスできる雰囲気をつくり出そうとしている企業は多い。ランチルームに卓球台を置いたり、ゲームができる部屋を用意してクッションソファを置いたり、就業時間中に不定期に「ダンスタイム」を設けたり……。どれも手始めとしては悪くない。しかし、永遠のルーキーたちは、休憩時間だけでなく、やることすべてに遊びの精神を注入する。仕事すべてが「遊び」になっているのだ。

20世紀屈指の数学者ポール・エルデシュは、そうした遊びの精神を体現している。生涯に150本以上の論文を発表し、離散数学（コンピュータ科学の土台を成す分野）を創始したほか、数論の手ごわい難問のいくつかを提起あるいは解決した人物だ。

エルデシュは昔から数学が大好きだった。子ども時代を描いた伝記絵本には *The Boy Who Loved Math*（数学を愛した少年）という題名がついている。大人になってからも、一緒に「遊び」たいと思う人を自宅に招いたり、一緒に研究したい人の家を訪ねては「いま私の脳ミソは暇だよ」と言ったりしたという。

仕事が遊びになると、どういうことが起きるのだろう？　日々の退屈でつらい仕事に、喜びや遊びやユーモアを持ち込むと、どうなるのだろう？

経営コンサルタントのエードリアン・ゴスティックらは著書 *The Levity Effect*（不真面目の効用）で、ユーモアが職場のパフォーマンスに及ぼす影響を指摘している。同書に引用されている多くの研究によれば、ユーモアには、人間関係を強化し、ストレスを和らげ、共感能力を高める効果がある。ユーモア感覚のあるリーダーは、人々が能力を最大限発揮できる環境をつくり出せるし、楽しい職場で働いている人は、生産性が高く、対人関係も円滑、病欠も少ないという。また、大学の授業で教授がユーモアを活用すると、学生のテストの点数が15％高くなるという研究結果もある。

仕事が遊びになると、時間が飛ぶように過ぎていき、私たちは夢中でその時を過ごす。そういうときは、他人のミスに寛容になり、アドリブ精神を発揮し、積極的に学習する。一緒に楽しもうとみんなを誘う。そうなると、学びの山を登るときの重荷も軽くなる。

▼計画性

ここまで紹介した3つの要素（好奇心、謙虚さ、遊び心）は子どもっぽい性質とも言えるが、最後のひとつは違う。永遠のルーキーは、反面では計画的であり、きわめて意識的に仕事に向き合っているのだ。

ここでいう計画性とは、一点集中型だったり、克己心をもっていたりすることを意味しない。ものごとを反復することや自己点検を徹底することとも違う。それは、自分が「なに」を「どのように」実践しているかをよく理解していることを意味する。

永遠のルーキーは、衝動的に、あるいは唐突に行動したりはしない。ものごとを決めつけて考えないように留意している。たとえば、ツイッターとスクエアの共同創業者であるジャック・ドーシーは、「自分のことを連続起業家だとは思っていない。ほかのなにかを連続して実行しているつもりもない」と言っている。永遠のルーキーにとっては毎回が初体験であり、すべての課題がほかに類のないものに見えるのだ。

ホランダー医師も同類だ。高度なスキルと経験をもっていて、症状の識別と標準的な治療法に精通している内科医は、即座に診断結果を出しがちだが、14年間の内科医経験をもつホランダー医師は違う。高度な技能の持ち主であるにもかかわらず、真っ先に思いつく結論に飛びつくことがない。複雑な症状の患者を診《み》るときは意識的にルーキー・モードに入り、数日かけてじっくり考える。関連する論文や書籍を読んだり、単にアイデアを寝かせたりするという。

正確な診断は、高度な専門知識の賜物ではなく、抑制的に熟考していることの賜物なのだと、ホランダー医師は言う。そのおかげで癌を早期発見できた患者は、何十人にも上る。業界で一般的なやり方や慣習にとらわれずに行動するために必要なのは、野放図なふるまいではなく、自分の行動を強く律することなのだ。

「好奇心」「謙虚さ」「遊び心」、この3つが合わさることで、世界に対するオープンな姿勢とフレッシュな考え方が生まれるが、そこに「計画性」が加われば、必要に応じていわば「リフレッシュ・ボタン」を押せるようになる。

ただし、そのリフレッシュは「ときどき」では十分でない。永遠のルーキーは、ベテランの思考とルーキーの思考を自在に行き来できる。変身の必要がないかつねに目を光らせている『スーパーマン』のクラーク・ケントさながらに、どういうときにベテランらしく行動し、どういうときにルーキーのようにふるまうべきかを心得ている。混乱と変化の時代に最も大きな成果を上げるリーダーは、必要なときに立ち止まり、既存の思考や知識を捨て、新たに学び直せる人物だ。

永遠のルーキーになるための具体策

ルーキーらしさを失った人がどうすべきかをさらに探るために、アンドリュー・スタントンの経験を紹介しよう。

スタントンは、長年にわたり映像制作会社ピクサーの頭脳として活躍してきた人物だ。同社の有名な映画監督でありプロデューサーでもあるジョン・ラセターのもと、これまで脚本家や共同監督として『トイ・ストーリー』『バグズ・ライフ』『トイ・ストーリー2』『モンスターズ・インク』など一連の超ヒット作を手がけた。

しかし、『ファインディング・ニモ』ではじめて単独で監督を務めることになったときは、ピクサー史上初の失敗作になるのではないか、という恐怖心に押しつぶされそうになったという。ニューヨーカー誌の取材に対して、「オレはダメだ。ダメだ。ダメだ。きっとクビになる。そう思っていた」と述べている。

不安がピークに達したのは、7月4日のアメリカ独立記念日の頃だった。両親の家で休暇を過ごしていたとき、彼はついに現実を受け入れた。自分は新人らしい精神も驚く心も失ってしまった、と。だが同時に、それをなんとしても取り戻そうと決意し、そのための行動指針を決めた。

ニューヨーカーの記事にはこうある。「スタントンは、クビになるように行動することにした」。そして、「映画の興行収入、公開日、観客へのアピール、ピクサーの歴史、会社の株価、他人の評価など一切を気にしないことにした」。さらに、「子どものような驚く心をもって世界を見る才能」を失ってしまったことを自覚し、同僚たちに知恵を貸してほしいと頼んだ。

こうして、マーリンがニモを探す旅に出るという『ファインディング・ニモ』のメインテーマができあがった。子どもたちはその作品を楽しみ、大人たちは胸を締めつけられるような傑作だと感じた。

スタントンはこの経験を通じて、ルーキーらしさを取り戻す方法を学んだ。自分の経験不足を認めても地位を失うわけではなく、それどころか、行き詰まっていることを打ち明けると、まわりの人たちはこぞって手を差し伸べてくれることを知った。ルーキーの頃に戻るのに、「自分を変える」などという仰々しいプロセスは必要なかった。必要だったのは、「思考様式を取り戻す」というささやかな変化だった。言ってみれば、スタントンは、ニモを探す過程で驚く心を再発見したのである。

あなたもスタントンのように光り輝くルーキー・スマートに再び火をつけたいのではないだろうか。そうであれば、以下のことを試すといい。

①クビになるように行動する　あれこれ考えすぎず、直感的に正しいと思うことをしてみよう。失うものがなかった頃のように働いてみよう。スタントンのようにそれを徹底すれば、昔はうまくできていたことをまた自然に実践できるようになるだろう。「クビになるように行動する」のが怖ければ、「つもり」になって行動するだけでもいい。自分にこう問いかけよう。「もし職を失うことを恐れずに済むなら、なにをしたいだろう？」。答えを紙に書き出したら、そのアイデアに対する組織内の支持を固めていこう。そうやって安全ネットを確保してから綱渡りの一歩を踏み出せば、クビになることなくインスピレーションを得られるはずだ。

②アンチョコを捨てる　経営思想家ランキングの「Thinkers50」でたびたび高い評価を受けてきたC・K・プラハラードが2010年に死去したとき、葬儀の席で妻のガヤトリは「夫は毎学期、大学の講義ノートを捨てていた」というエピソードを紹介した。大切な講義ノートがゴミ箱に捨てられているのを見て驚いた妻に、C・Kはこう言ったという。「学生たちは、私の最新で最高の思考について講義を受ける権利があるんだ」。ミシガン大学ロス経営大学院の講義はいつも超満員で、学生が廊下に殺到して安全性が心配されたほどだった。

あなたも、自分の行動を型にはめるアンチョコやひな型の類いは捨ててしまおう。そうすることで、ほかの人たちに新鮮なアイデアを聞かせ、みずからの思考も刷新できる。

③アマチュアと仕事をする　経験豊富な仲間たちではなく、ルーキーと一緒に仕事をしてみよう。そして、ルーキーがどのように仕事をし、どのように遊ぶかをよく観察しよう。そうやって、経験の乏しいアマチュアから学ぶのだ。

セルジオ・マルキオーネは、経営破綻した自動車大手クライスラーのCEOに就任して経営再建に乗り出したとき、本社最上階のCEO用オフィスを引き払って、デザイン部門とエンジニアリング部門のそばに移ってきた。工場の現場で過ごす時間も増やした。さらに、多くの上級幹部職を廃止したうえで、社内をくまなく探して見つけた26人の若いリーダーを自分の直属とした。会社の再活性化を目指したマルキオーネは、若手社員たちと接することで現場の実情を把握し、活力を得たのだ。もし、あなたが組織のトップに立っていて行き詰まりを感じているなら、組織の末端にいる人や新人と話す機会を増やしたほうがいい。アマチュアたちのアイデアに影響され、その旺盛な活力に刺激を受けるはずだ。

【ビジネスに子どもの視点を！】

子どもの目で世界を見るとはどういうことか——ずいぶん昔の話だが、私はひとりの3歳児と10数匹の鯉からそれを教わったことがある。

その頃、私は激務のマネジメント職に就いていて、しかも7歳、5歳、3歳の幼い子どもを育てていた。幸いにも、みずからも小さな子どもの父親だった上司のジョンは、働きながら子育てをすることの楽しさと大変さをよく理解していた。そしてあるとき、私の燃え尽きの予兆を素早く察知して、3週間遊んで過ごすよう命じた。「有給休暇を全部使うこと。3週間、きみの顔は見たくない」。そこで、私は家族とともに、ハワイのマウイ島にあるシェラトン・ホテルで3週間の島流しの刑に服することに決めた。

それでも最初の数日は、いつものママモードが抜けず、子どもたちをせかしたり、心配したりしてばかりいた。ようやくペースを落とせるようになったのは、6日目のことだった。

その日の朝、私はいつもどおりに子どもたちを起こし、着替えさせ、日焼け止めを塗ってやった。夫が上のふたりの女の子を先に連れて出発し、プールとビーチを見下ろせる景色のいい場所に向かった。外で朝ごはんを食べようという計画だった。3歳の息子クリスチャンと私は、少し遅れて出発し、あとから追いかけることにした。

ふと上司のジョンの言葉を思い出したのは、元気いっぱいの3歳児をなだめすかしてドアの外に連れ出した瞬間だった。瞑想を実践しているジョンは、息子とただ一緒にいるだけの時間を増やすよう努めていると話していた。その時間には、幼い息子に主導させ、ペースを決めさせるのだという。その話を聞いたとき、興味はもったものの、3人の子育てに追われてそれきりになっていた。

だが、ようやくチャンスが巡ってきた。3歳の息子にペースを決めさせ、どういう遊びをするか選ばせてみよう。自分がリーダーになるのではなく、息子に従おう！

クリスチャンは、あっちへ行ったりこっちへ行ったりしながら、たっぷり時間をかけて、ホテルのロビーから朝食の場所へと続く道を進んでいった。好奇心を刺激されるものがあるたびに立ち止まり、コレクションに加えられそうなものがあれば片っ端から拾い集めた。いつまでたっても目的地には近づかない。しばらくすると、行く手に鯉のいる池があることに気づいた。せっかちで心配性のママの心理が頭をもたげた。早く夫たちに追いつきたい。どうか鯉に目をとめず、池にかかる小さな橋をさっさと渡ってくれますように……。

しかし、その祈りもむなしく、クリスチャンは美しい魚たちに気づいて観察しはじめた。私は息子に主導させるというルールに従い、「きれいなお魚ね」と言った。パパとお姉ちゃんたちがもう朝ごはんを食べていて、もうすぐプールで泳ぎはじめることをさりげなく思い出させようとしたが、まったく無駄だった。私は先を急ぐことを諦め、一緒にしゃがみこんで鯉をながめはじめた。

息子の前で、私はいかにも興味津々のふりをしたが、本当は鯉ならもう何度も見たことがあった。京都の古いお寺でも見たし、オラクルの共同創業者ラリー・エリソンの日本庭園でも見ていた。ところが、しばらく見ていると、それまで見えていなかったことが見えてきた。その鯉たちの模様や色や形のなんとさまざまなことか。

気がつくと膝立ちになり、息子と同じ目の高さで池をのぞき込んでいた。一緒に鯉の数を数えようとしたけれど、泳いでいる鯉を数えるのは無理な話だった。そのうちに、クリスチャンは橋の上で腹ばいになり、池に手を伸ばして鯉にさわろうとした。鯉が跳ねて指先を口でつつかれたときは、大喜びして甲高い歓声を上げた。しまいには私も隣に腹ばいになり、池に手を伸ばした。そのせいで、すっかり橋の歩行者の邪魔をしてしまった。よけて通ってくれる人たちには平謝りした。

軽く15分から20分はそうしていたはずだ。そのとき、私は世界を新しい視点で見ることができた。鯉なんて巨大な金魚くらいにしか思っていなかったけれど、よく見てみると全然違った。その美しさとおもしろさにはじめて気づいたのだ。

こうした子どもの視点は、仕事の世界でも新しい発見をもたらすはずだ。手ごわい課題を、パズルやゲームのように考えてみたらどうだろう? 緊急事態に対応する特別チームを、即席のバスケットボール・チームとみなしたら? ブレーンストーミングのためのミーティングを「ごっこ遊び」に見立てたら?

大人はよく子どもたちに、「大きくなったら、なにになりたい?」と尋ねる。すると、たいていはすぐにたくさんの職業が口をついて出てくる。お医者さん! 宇宙飛行士! 学校の先生! プロスポーツ選手! カーレーサー! なかには、お姫様と言う子もいるかもしれない。だが、同じ質問を大学生にしても、たぶん本心を言わない。では、ベテランのビジネスパーソンたちは? おそらく、さっぱり思いつかないだろう。

一方、永遠のルーキーたちは、「大きくなっても子どもでありたい」と思っている。永遠に若い精神を持ちつづけたいと考え、そのために日々意識的に努力している。

あなたも、子どもの視点を仕事の場に持ち込むといい。そうすれば、きっと、自分の内なるルーキーを目覚めさせられる。仕事を離れて遊ぶのではなく、仕事が遊びになる。仕事を中断して研修を受けるのではなく、職場が教室になる。

「よい旅をすることは、目的地に着くことよりも意味がある」と、ブッダは言った。禅を究めた人なら知っているように、より楽しいのは知識を習得したときではなく、学ぶ過程だ。学びの旅は楽ではないかもしれないが、その試練を経て、学び直すことの喜びを味わえる。

永遠のルーキーたちは知っている。真の喜びをもたらすのは、学習という山を登っていくことであり、その山頂に立っていることではないのだと。だからこそ、山頂に到達するとすぐに、次に登るべき山を探しはじめる。そう、サーファーがつねに次のビッグウェーブを探すように。そして、行き詰まりを感じたときは、ウェイン・「ラビット」・バーソロミューのような行動をとる。ルーキーたちのなかに入っていくのだ。

第6章のまとめ

- 永遠のルーキーとは、豊富な経験と実績を重ねていても、ルーキーの思考パターンを失っていない人のこと。「驚く心」をもちつづけており、好奇心があり、謙虚で、楽しいことを愛する人たちだ。

《永遠のルーキーの資質》

- 好奇心＝なにかを知りたいという強力な欲求、知識と理解への渇望感、新しい経験への飢餓感。
- 謙虚さ＝自分がほかの人たちより優れていると思わず、教育を受け入れ、すべての人を理解しようとし、その全員から学ぼうとする状態。
- 遊び心＝単に職場に遊びを持ち込むだけではなく、仕事そのものを遊びにするという発想。
- 計画性＝きわめて意識的に仕事に向き合い、自分がなにをどのように実践しているかをよく理解している状態。

《永遠のルーキーになるための具体策》ルーキーらしさを失った人は、以下のいずれかを実行するといいだろう（詳しくは198〜201ページ参照)。

❶クビになるように行動する。
❷アンチョコを捨てる。
❸アマチュアと仕事をする。

第7章　あの頃に戻れる！

21世紀には、教養のない人間とは、読み書きができない人ではなく、ものごとを学習し、それを忘れ、新たに学習することができない人を意味するようになる。

――アルヴィン・トフラー（アメリカの未来学者）

場所はニューヨークのリンカーン・センター。この日、キャンディド・カメロは、みずからの91回目の誕生日を祝うイベントのために、ジャズトランペットの名手ディジー・ガレスピーの名前をとったジャズホール「ディジーズ・クラブ」のステージに上がろうとしていた。1950年代から即興演奏の名手として知られてきた、伝説のジャズ・パーカッショニストであるキャンディドは、ガレスピーなどジャズの巨匠たちとはあらかた共演してきた。しかし、この夜は、マンハッタン音楽院の学生たちと一緒に演奏する。

ふたりの友人に支えられてステージの下に控えていたキャンディドは、司会者に名前を呼ばれると、足を引きずってステージに向かって歩きはじめた。小さな歩幅で慎重に、そしていかにもつらそうに。ステージに上がり、コンガ・ドラムの前までくると、動きはさらに鈍くなった。時間をかけて持ち場につくと、注意深くマイクの位置を調整した。皮膚が固くなった浅黒い指には、サージカルテープが指輪のようにいくつも巻いてある。

ようやく準備が済むと、来場客にお礼を言い、のろくて申し訳ないと謝った。関節炎のせいで歩くのがつらいのだとも説明した。だが、にわかに目を輝かせるとこう言った。「私は91歳かもしれないが、ドラムを叩くときは20歳になるんだ」

その言葉は本当だった。キャンディドはゆっくりと演奏をスタートさせ、リズムをつかむと、ペースを上げていった。しまいには、あまりにも手の動きが速いせいで、輪郭のぼやけた白い塊（サージカルテープの色だ）が宙を行き来しているようにしか見なくなった。もはや、ためらいはない。ひたすら楽しげに、きびきびとドラムを叩く。その昔、キャンディドとガレスピーが観客を熱狂させたときも、きっとこんな感じだったのだろう。この晩の演奏は、まさにルーキー時代への回帰と言うべきものだった――

キャンディドが証明したように、ルーキー・スマートは若者や未経験者だけのものではない。本章では、どんな大ベテランでもルーキーの感覚を取り戻せるアプローチを紹介したい。

【やる気が出ない本当の理由と、そこからの脱却法】

ルーキーへの回帰は、つねに覚醒から始まる。ドイツの哲学者イマヌエル・カントは、デーヴィッド・ヒュームの懐疑論を読んで「教条主義の惰眠から目覚めた」というが、思い込みという眠りから目覚めた人間は、世界と自分の環境をそれまでより明晰に、驚きをもって見られるようになる。ユダヤ教神学者のアブラハム・ヨシュア・ヘッシェルは、これを「根源的な驚き」と表現している。根源的な驚きの持ち主は、朝起きたとき、何事も当然と決めつけずに世界を見るという。

だが現実には、思い込みがもたらす快適で退屈で不幸せな状態に陥っている人は多い。ギャラップ社の世論調査によれば、アメリカの働き手の70%は、仕事が嫌い、もしくはまったくやる気を感じないと答えている。別の調査では、激しい疲労と無力感により、強い仕事上のストレスを感じていると答えた人が63%に達した。

では、そのストレスの原因はなんなのか？　仕事量の多さはあるとしても、それだけなのか？もしかしたら、仕事量に比して挑戦しがいのある課題が少ないことが、本当の要因なのではないか？　私たちは、さまざまな業種の約1000人に対して、いま仕事で取り組んでいる課題の手ごわさの度合いと、仕事への満足感の度合いを尋ねた。すると、両者の間には強い相関関係があることがわかった。課題が手ごわいほど、満足感が高まる傾向が見られたのだ。一方で、難しい課題から遠ざけられている人は、満足度が大幅に落ち込んでいた。これは多くの人が経験する現象だから、あなたも身に覚えがあるかもしれない。

人は停滞に陥ると、なにごとに対しても、上空で飛行機から飛び降りるような高揚感を味わえなくなってしまう。いつも忙しいのに退屈を感じたりする。進歩の止まった状態が長く続くと、退屈を通り越し、うしろ向きの精神状態になる場合もある。しかも、本人はどうしてそうなったのか見当もつかない。

だが、そこから抜け出す方法はある。

仕事量が増えると疲労が増すのは事実だが、いわゆる燃え尽き状態を脱するのに有効な対策は、実は仕事を減らすことだけではない。それを癒すよりよい薬は、よりハードルを上げて働くことだ。人は背伸びしないと対応できないような新しい課題に取り組むことで、精神が高揚し、再び学習に打ち込もうという気になるからだ。

ネクスト・コンピュータ、アップル、ピクサーでスティーブ・ジョブズと一緒に働いたあるリーダーは、つねに居心地の悪い状態に身を置きつづけたキャリアをこう振り返っている。「パターンを見いだせないとき、仕事はとびきりおもしろい」。また、ベーカリーカフェ・チェーン、パネラ・ブレッド社のロン・シャイチ共同創業者も、同様のことを述べている。「学んでいる最中は、エネルギーの充電なんてまったくいらない」

仕事の山から脱出する方法は、その山を通り抜けることではない。学習の急勾配を登り、山の上に出ることだ。そうやって頭の筋肉を使うとき、人は最もやる気が高まる。苦労はするかもしれないが、燃え尽きはしない。かえってエネルギーが満ちてくる。

もちろん、「言うは易し、おこなうは難し」だ。小説家のデーヴィッド・フォスター・ウォレスが、「私が手放したものには、すべて深い爪痕が残っている」という比喩で鮮やかに表現している

新しい試練が必要な人の10の兆候

以下の10項目のうち1つか2つに当てはまる人は、ルーキー・スマートを再点火すべき時期にきている。3つ以上に当てはまる人は、それに加えて新しい試練に臨むべきだ。

- □ すべてがスムーズに進んでいる。
- □ いつも高い評価を受けている。
- □ 大して頭を使わなくても成功できる。
- □ 結論がわかっているので、会議や打ち合わせの準備はしない。
- □ 新しいことを学ばない日がある。
- □ 忙しいのに、退屈を感じる。
- □ 朝、仕事にとりかかる気力を奮い起こすのに時間がかかる。
- □ 1年後も同じことをしていると思うと、うんざりする。
- □ いつの間にか思考がうしろ向きになっていて、自分でもその理由がわからない。
- □ ほかの人の問題を解決するために多くの時間を費やしている。

とおり、人はすでにもっている知識や専門技能にしがみつく。なぜなのか？　その原因は、恐怖心というよりむしろ手間にある。いったん学んだことを捨てるのは、不要な洋服やくだらない記念品の類いを段ボール箱に詰めてリサイクル店に持ち込むのとはわけが違う。それは、いまも使っているものを、苦労して手に入れた宝物を、みずからのアイデンティティに関わる大切なものを捨ててしまうのに等しい。過去に役立ってきたものを手放すことが求められるのだから。

学んだことを捨て去る行為、いわゆる「アンラーン（学習棄却）」のわかりやすい例としては、経営思想家のジム・コリンズの経験がある。ジムは、経営書の執筆と同じくらい強い自制心と粘り強さをもって、ロッククライミングに精力的に打ち込んできた。しかし、ロッククライミングを始めて25年がたった40代半ばの頃、進歩が止まったことに気づいたという。

ジムがロッククライミングを始めた頃は、垂直や垂直以上に反り返った傾斜の岩壁を登るのが一般的だった。もし足を滑らせれば、宙吊りになって岩壁に激しく叩きつけられ、大けがをしかねない（もし命があれば、の話だが）。一方、今日のトップクライマーたちは、まったく違うタイプの場所、オーバーハング（岩壁がひさしのように突き出している箇所）の下を登ることが多い。この場合、足を滑らせても大事にはいたらない。宙吊りになっても岩壁にぶつからないからだ。万が一、岩にロープを固定するアンカーが抜けてしまえば大惨事になるが、通常クライマーがこうむるのは、ほぼ自尊心のかすり傷だけと言っていい。

とはいえ、オーバーハングを登るには、垂直の岩壁とは違うスキルが必要だ。それに習熟するために、ジムは知っていたことの多くを忘れなくてはならなかった。

コーチのニック・サーガーとヘザー・サーガーから学んだ最大の教訓は、なにを学ぶべきかではなく、なにを忘れるべきかだった。……ふたりからコーチを受けはじめた頃、それまで垂直の岩壁を長年経験してきた私は、足を滑らせることへの恐怖心ゆえに、注意深く登るスタイルが染みついていた。ところが、この慎重なスタイルが、最近のより難しい岩壁を登る妨げになっていた。そうした岩壁を登ろうと思えば、もっとダイナミックに手足を動かさなくてはならない。当然、足を滑らせる危険とは隣り合わせになる。それらのルートで自分の能力の限界に挑めば、成功するまでに何度も足を滑らせることが避けられない。もし足を滑らせないとすれば、それは限界に挑んでいない証拠だ。

コーチは最初にこう言った。「しばらく、いままでより下手なクライマーになってもらいます。もっと上手になるためには、それが必要なのです」。ジムは、いつも慎重で緻密な登り方を心がけてきた。一つひとつの動きに間違いがないよう注意を払っていた。しかしいま、その慎重さが、登りたい岩壁を攻略する邪魔になっていた。

彼の再学習は、足の滑らせ方を学ぶことから始まった。コーチから指示されたのは、「チームの先頭に立って登っているときに足を滑らせろ」という、痛みはともなわないがぞっとする課題だった。しかも、それを1年間で1000回経験せよという。ジムはまず小さな落下から出発し、次第に大落下にも挑戦するようになった。すると、しまいにはそれが楽しくなってきた。

ジムは言う。「しばらくは、本当に前よりクライミングが下手になった。それでも、新しいテクニックが身についてくると、自分が進歩しているという興奮を味わえた。以前とはまったく違うスタイルと思考様式で再びエキスパートになれることに、わくわくした。40代半ばになって、クライミングに対してティーンエージャーの頃以来の情熱をいだけたんだ。『前に進むために、うしろに下がる』ことに意気消沈するのではなく、むしろエネルギーが湧き上がってきた」

一連の学習のプロセスを経験したジムは、ひとつの結論にたどり着いた。「習熟のレベルをより高めたければ、専門知識を手放し、初心者の思考を実践すべきである」。彼はこのとき、それまでの行動パターン、自分の強み、それに安心感と慎重さも捨てたのだ。

【優秀な人がしている3つのこと】

ウィロークリーク・コミュニティ教会の主任牧師、ビル・ハイベルズは、「人間はよりよい行動へと自然に流れていくことはない」と述べている。意識的・計画的な選択をしてはじめて、人は自分を向上させ、新しい思考パターンに移行し、これまでより自覚的な行動ができるようになるのだろう。たとえ、いったんはギアを下げ、スピードを落とす必要があったとしても、そうすれば最終的にはかならず、前より険しい山を登れるようになる。

以下では、これを実践するうえで有効な戦略を紹介したい。思考パターンを変える戦略、環境を変える戦略、そして適切なスペースを選択する戦略だ。

▼行動❶リーダーから学習者《ラーナー》へ

先述したように、私たちは自分のもっている信念や仮説を補強する情報ばかり目に入る傾向がある。心理学で言う「確証バイアス」だ。こうなる一因は、エキスパートとみなされて高い地位に就くと、間違えることのコストがきわめて大きくなる点にある。自分の考えをくつがえすデータに接したとき、人はたいてい無意識のうちに、そのまま突き進んで間違いを犯す確率と、方針変更をして自分の威信を低下させることのコストを天秤にかける。そして多くのリーダーは、自信満々でブレないリーダー像を見せたいという誘惑に屈して前者を選ぶ。誤った決定や未検証の仮説にしがみついて、方針を改めないのだ。また、方針を変更しないほうが早く目標を達成できそうに見えることも、確証バイアスに陥る理由だろう。

私たちは、自分が正しいと思い込んでいるせいで、どのような間違いを犯しているのか？　先を急ぐあまり、あるいは、自分はリーダーだから正解を知っているべきだと考えるあまり、どのような間違いを犯しているのか？

この点を考えるために、あるコーチがチーム全員に初心者の精神を思い出させ、生涯最高のパフォーマンスを発揮させた例を紹介しよう。

2013年1月、NFLのサンフランシスコ・フォーティナイナーズはディビジョナル・プレーオフを勝ち抜き、NFCチャンピオンシップへの進出を決めた。次はスーパーボウル出場を懸けたアトランタ・ファルコンズとの対戦だった。ヘッドコーチのジム・ハーボーは、就任してまだ2年目。チームの司令塔を務めるコリン・キャパニックはルーキーで、先発出場の経験は8試合だけだった。チームにはベテランが多く、オールスター戦の出場経験者も9人いたが、前シーズンはNFCチャンピオンシップで敗退し、スーパーボウル出場を逃していた。

このとき、ハーボーとコーチ陣は、選手たちを翌週のファルコンズとの戦いに集中させるために一工夫した。練習、ビデオ分析、体のケアといった定番の準備だけで満足せず、広報チームと事務スタッフの力を借りて、特別のしかけを用意したのだ。

その日、選手たちが練習を終えてロッカールームに戻ってくると、一人ひとりのロッカーに、ラミネート加工したポスターが貼ってあった。チームの写真でもなければ、憧れのスーパーボウル優勝リングの写真でもない。それは、自分の高校時代の写真だった。一緒に、学校名、当時のランキング、成績も記してあった。スポーツコラムニストのモンテ・プールはこう書いている。「ハーボーは一瞬にして、いい大人の、そして大半は金持ちの選手たちを、アマチュアでプレーしていた高校時代に引き戻した。かつてはどの選手も成功したいと夢見て、いつの日かNFLに入り、できればスーパーボウルに出場したいと思ってプレーしていた」

その頃の気持ちに立ち返った選手たちは、ロッカールームでなにを思っただろう？　余計なことを考えず、やる気満々でプレーしていた自分を思い出したかもしれない。まだ代理人もついておらず、契約交渉もなく、記者会見とも無縁だったはずだ。最大のファンは両親だった。ハングリー精神をもって戦うとはどういうことかを、どの選手も思い出したに違いない。ハーボーのメッセージはしっかり伝わった。「高校時代と同じようにひたむきに頑張れということだと思った」と、あるディフェンシブ・タックルの選手は言っている。

次の土曜日の試合、フォーティナイナーズはいったん17点のリードを許したものの、最終的には28対24でファルコンズに逆転勝ちし、スーパーボウル進出を決めた。選手たちは、昔の自分を思い出したことで、初心者のような気持ちで試合に臨めた。失うものがなく、得るものしかなかったルーキー時代の気持ちを取り戻せた。

人は、最も自信があるときこそ、最も敗北に陥りやすい。それを避けるためには、この例のように視点を変える必要がある。高い場所から下を見下ろすのではなく、下に降りてまわりを見たり、下から上を見上げたりするべきなのだ。

以下、リーダーから学習者に転換するために、さまざまな分野の人たちが実践している方法をお教えしよう。

「知らないこと」リストをつくる

クリエイティブ・エージェンシーのポッシブル社CEO、シェーン・アッチソンは、「私の知らない7つのこと」というリストを作成・更新している。「ときどき時間をとって頭を整理し、自分が知らないことで、知っておくべきだと思うことのリストを書き出す——これは、私の仕事術のなかでも飛び抜けて重要なものです。なぜかって？　このリストをつくることで、ひとりよがりの思考から抜け出し、自分のまわりで起きていることを批判的に見られるようになるからです。『問題の存在を認めないうちは、解決策は見いだせない』という古い格言にも通じる発想です。それに、リストを作成することでうぬぼれを捨てられます。……自分はアインシュタインのような天才とは違うと再認識し、努力して取り組むべき重要なことがいくつもあると肝に銘じられるわけです」

「知らない」と公表する　海軍少佐のクリフ・ビーンは、同僚たちからこぞって称賛されるスター的存在だったが、暗号解読資源調整官という役職を与えられてある空母に配属されたとき、最初の会議でこう切り出した。「はじめまして。クリフです。右も左もわかりません」。その瞬間、一同の安堵のため息が聞こえたかのようだった。この告白をきっかけに、ほかの暗号解読官たちも本当のことを打ち明けはじめた。実は自分たちもわかっていなくて、ありもしない専門技能があるかのように装い、うしろめたく感じていたのだ、と。クリフは弱みをさらけ出すことを通じて、真のリーダーシップを強力に実践したのだ。

思い込みを捨てる　誤った思い込みのもとで行動するリーダーとチームは、途方もないお金と労力を無駄にする。努力しても好結果につながらないからだ。この落とし穴にはまらないために、スティーブン・ブランディーノ牧師はときどき、教会の幹部チームがどのような論理に基づいてものを考えているかを徹底的に検証している。具体的には、まず自分たちが堅く信じていることをリストアップする。そして、それをひとつずつ検討し、実際のデータの裏づけがあるかを確認する。続いて、それをくつがえすデータがないかも探す。検討の結果、妥当でないとわかったものがあれば、それを捨てて、新しい考え方（あるいは新しい仮説）と取り換えるのだ。すると、たとえば「オフィスにみんなが集まって働くと、生産性が高まる」というのは思い込みだとわかったりするという。

部下にメンタリングをしてもらう　USAA社は、アメリカ軍人とその家族のニーズに特化した金融サービス企業だ。明確な使命と強力な価値観をもつ企業だが、それゆえに視野が狭まることが懸念される。そこで同社の幹部チームは、若手社員に上司のメンター役を務めさせている（第3章でも紹介した手法だ）。また、幹部レベルの戦略会議に社内のマネジャーたちを参加させ、意見を聞くようにもしている。幹部チームの思考の幅を広げるために、社内の地位が低い人たちの話を聞く仕組みをわざわざ築いているのだ。

アラブ首長国連邦（UAE）の高級ホテルグループ、ジュメイラ・ホテルズの戦略担当副社長も、新しくチームに加わった地元出身の若い女性にメンターになってもらった。若きメンターは、万全の準備をして週1回のミーティングに臨み、情熱たっぷりに地元の文化を副社長に教えたという。

部下からメンタリングを受けることのメリットを最大限生かすためには、最新のテクノロジーや異文化について教わるだけではもったいない。リーダーシップのあり方についても、若い同僚から教わるといい。おそらく、若手の発想の鋭さに目をみはるはずだ。

仕事を交換する　顧客情報管理大手セールスフォース・ドットコムの技術文書チームは、メンバーのルーキー・スマートを活性化させるために「仕事を交換する」（第3章参照）を試みた。たとえば、文書化ツール部門責任者のスー・ウォーンキは、部下のテクニカルライター、ジャンポール・コノックと仕事を交換した。その日の午前、スーはジャンポールの采配により、12ページ分のマニュアルの改訂作業を割り振られた。一見すると簡単そうだが、膨大な量の文書に修正を反映させなくてはならず、そのために用いるべきシステムは非常に複雑なものだった。4時間たって、完了したのはわずか4ページだけだった。

部下が取り組んでいる課題の難しさを体感したスーは、それを境に、いままで以上に部下の強い味方になった。システムの改善を最優先課題と位置づけ、そのための予算も通した。この活動を経験して、部下の仕事をより高く評価できるようにもなった。

一方、リーダー役を務めたジャンポールは、マネジャー会議に参加した。議題は、無限にも思える業務に限りある資金をどう配分すべきか、だった。彼はしばらく議論を注意深く聞いていたが、やがて口を開いた。テクニカルライターたちの時間の使い方を効率化すれば、成果が高まり、メンバーの幸福感も増すと主張したのだ。マネジャーたちはこの言葉に耳を傾け、提案を採用した。

それまでジャンポールは、マネジャー連中が陰で部下を批判しているのではないかと疑っていた。しかし、実際は正反対だった。「マネジャーたちは、思っていたよりずっとまっとうな人たちだった。部下の採点ばかりしているわけではなく、私たちが問題を解決できるようにコーチしたいと考えていたんです」。3カ月後、ジャンポールは正式にマネジャー職への昇進を打診された。

こうして役職の交換が大成功に終わったことで、技術文書チームはこの活動を定例化した。評判を聞きつけた社内のほかのチームもこれに続いた。

素朴な問いかけをする　第2章で紹介した「素朴な問いかけをする」も効果的だ。中東のドバイに拠点を置く研修・コンサルティング会社のビズグループが、あるときコンサルタントのニコラ・タイラーの力を借りて戦略ワークショップを開催した。その際、ニコラがワークショップのテーマとして7つのシンプルな問いを投げかけると、創業者でCEOのヘーゼル・ジャクソンは待ったをかけた。質問があまりに素朴だったので、真の問題をあぶり出せないと思ったからだ。しかしほどなく、そうした問いかけこそが必要だったことに気づいた。

過去のワークショップでは、論じていいことといけないことの線引きがはっきりせず、意見を述べることを臆するメンバーが多かったが、「素朴な質問がすべてを変えたのです」と、ヘーゼルは振り返る。「難解な専門用語もなく、メンバーは見当違いなことを言わないかと心配せずに発言できた。みんなが対等に、そして自由に、対話と思考をする道が開けたのです」

▼行動❷非快適ゾーンに足を踏み入れる

自己改善は、「ポジティブ思考」と「意志力」によって実現すると言われることが多い。しかし、科学的な研究が物語る現実は違う。

２００７年に心理学者のリチャード・ワイズマン（著者とは無関係）が実施した大規模な調査によれば、年のはじめに新年の誓いを立てた人の88％は、１年せずにそれを破るという。誓いを立てたときは、52％の人がやり抜く自信をもっていたのにである。これについてワイズマンは、誓いを守れなかった人は自分の意志力に頼りすぎ、目標を公表していない場合が多いと指摘している。

研究によれば、人間の意志力の総量には上限がある。だから、食事制限なりエクササイズなり、生活のある面で意志力を使うと、職業上の成長や知的成長など、ほかの領域で使える意志力がなくなる。また、最初に意志の力で頑張ると、あとが続かずあっさり失敗する場合が多いという。

では、どうすればいいのか？　一般に、人がものごとを学ぶのは、学びたいときではなく学ばざるをえないときだ。リーダー教育機関のクリエイティブ・リーダーシップ・センターでは、人々が飛躍的成長の経験について振り返った30年分のレポートを分析してみた。すると、職場での学習は、「手ごわい課題」「対人関係を通じた成長の後押し（コーチングやメンタリングなど）」「座学および研修」という３つの要素を、70％対20％対10％で組み合わせるのが最適だとわかったという。それほど、手ごわい課題に取り組むことの重要性は大きい。

私たちは、学校のバザーの責任者に指名されてはじめてバザーについて学ぶように、スキルや知識がどうしても必要になったとき、より徹底的に、より速く学習する。リーダーシップも、大勢の支持を取りつけたり、集団を動かしたりする立場に立ったときに身につくものだ。一方、企業の研修や人材育成プログラムは、学び手の「学びたい」という意欲があってこそ効果を発揮するものが多く、(学習を促進する効果はあるにせよ)実地の強力な体験の代わりにはなりえない。

環境から得るモチベーションは、内面から湧き上がるモチベーションよりずっと強力だ。つまり、やる気を高めようとするより、やらざるをえない環境に自分を追い込むほうがいい。「新人時代の思考パターンを取り戻すぞ!」とか、「新しいアイデアに対するオープンな精神を思い出すぞ!」と強く自分に言い聞かせるよりも、おのずとルーキー・スマートをもつような環境に身を置くほうがうまくいくのだ。

また、私たちは予想が裏切られたときも学習の背中を押される。ものごとが自分の固定観念どおりの結果になるたびに好奇心は鈍っていくが、その固定観念に基づく筋書きが崩れると、それに代わる説明が欲しくなり、学習への意欲が湧く。だから、学ぶことをやめないためには、予想が裏切られ、認知科学者が言う「予期せぬ失敗」を経験するような環境に身を置くことも有効だ。

でも、どうすれば、新しい知識やスキルを学ばざるをえず、予期せぬ失敗をするような環境を取り戻せるのだろうか? そのためには、たとえば次のようなやり方で、快適ゾーンの外に踏み出すことが重要になってくる。

あえて「資質不足」の仕事に取り組む カウンセリング経験が豊富な心理学者、ガブリエラ・マセリは、中米のグアテマラで急成長中の複合企業グルポ・エンテロで働いている。イノベーション部門のコーチング担当として採用されたガブリエラは、新しい職場で急速に学習し、たちまち上級幹部のコーチングを担う役職に昇進したのだ。しかし、財務の知識は乏しかった。コストや収益性に関する議論では、どのような問いを投げかけるべきかもわからない。資質不足を思い知らされた。そこで、社内の財務エキスパートのひとりに依頼して、隔週で講習を受けることにした。それからは、課題図書をむさぼるように読み、宿題を仕上げ、毎週のテストを受けた。オリジナルの期末試験も受けて合格した。

こうして、ガブリエラは実力以上の役職にふさわしい存在へと成長していった。上司のマルテ・ホルムが言うように、「人は手ごわい課題を前にすると、できると思っていなかったことまでやってのける」ものなのだ。

あなたも、第5章の「自分をあえて『資質不足』にする」を試してみよう。幼い子の靴を買うときのように、実力より1サイズ大きい仕事を選び、自分を非快適ゾーンに置いてみるのだ。最初は心地が悪いかもしれないが、次第に自分が成長してそのサイズにふさわしくなるはずだ。

あなたがリーダーの位置にあるなら、スタッフに身の丈以上の仕事を与えてみよう。その際は、1サイズ、せいぜい2サイズ程度大きな仕事にとどめるのがコツだ。そのうえで、ルーキー・スマートを発揮することの大切さを理解させれば、大きなサイズにふさわしい仕事をやり遂げられるだろう。

フロンティアとの境界に身を置く　ドン・クラフトは、いくつもの大企業で従業員の学習・人材開発を担ってきた人物だが、東南アジアに旅したことをきっかけに、企業の仕事と並行してウィンドホース財団を設立した。東南アジアの貧しい村に医療と教育の支援をおこなうためだ。ドンはこう語っている。「非営利団体のことも資金集めのこともまるで知識がなかったし、理事会の運営の仕方すら知らなかった。手強かったけど、本を読んだり、人にアドバイスを求めたりして、全部やりながら学んでいったんだ」

とはいえ、企業内教育の専門家だったドンにとって、非営利団体の立ち上げはまったくの異分野ではなかった。だから、既存の能力の境界線上に身を置くだけでよかった。あなたも、自分の内なるルーキーを目覚めさせるためにキャリアを根底から転換する必要はない。自分の実力との落差がそれまでより大きな仕事に挑み、フロンティアとの境界に立てばいいのだ。

ルーキー・スマートに再び火をつけるのに、新年の誓いを立てる必要はないし、やる気をかき立てるポスターを掲示したり、長大な能力開発プランを文書にまとめたりする必要もない。よく考えたうえで、責任感をもって快適ゾーンの外に一歩を踏み出すこと、必要なのはそれだけだ。

▼行動❸小さな行動をとる

そうは言っても、課題の難しさを見誤って、難しすぎる課題に手を出したら、大変なことになりはしないか？　そんな不安をいだいた読者のために、ここで私の経験を紹介しよう。

私は数年前、40歳になったのを機にトライアスロンの大会に出場登録した。水泳＝1・5キロ、自転車＝40キロ、マラソン＝10キロという、いわゆるオリンピック・ディスタンスの大会だ。マラソンには自信があったし、自転車も苦手ではない。難関は水泳だった。カリフォルニア州サンタクルーズの桟橋に沿って沖合まで泳ぎ、引き返してこなくてはならないが、私の水泳関係の「資格」と言えば、ウォータースポーツを見るのが好きだというのと、さまざまな海でシュノーケリングをした経験があり、水に浮くのが得意なことくらいだった。

そこで私は、バランスを重視しつつも水泳に力を入れたトレーニングメニューを組んだ。スポーツクラブの大きなプールで最初は数往復から始めたが、次第に距離を伸ばし、大会の3週間前には、1・5キロを30分ほどで泳げるようになった。私は、そろそろ海で泳ぐ練習も必要だと判断した。冷たい海で泳ぐのは、快適なプールで泳ぐよりずっと難しいはずだ。次の週末、カリフォルニア州の沿岸の町キャピトラで友人たちと過ごすことになっていた。海で練習をするのに打ってつけの機会に思えた。

その日の朝、海は有毒の恐れがあるプランクトンの大量発生で赤くなっていた。地元の住人からも赤潮について警告された。それでも、やる気満々だった私は、プランクトンで水が濁っているくらいはかまわないと言い、レンタルしたウェットスーツ（2サイズ大きいものしかなかった）を着込んだ。そして、陸で見守ってくれる夫に言った。「南へ400メートルくらい、7分程度泳いで引き返してくる。もしも私が手を振ったら、そのときは溺れているという意味よ。挨拶しているわけじゃないから、救助を呼んでちょうだいね」

ぶかぶかのウェットスーツを着た私は、岸辺の砕け波を踏み越えて、泳ぎやすい場所まで出ると、海面に顔をつけて泳ぎはじめた。だが、コーヒー色の海水では、水中がまったく見えない。思わずひるんだ。勇気を奮い起こしてもう一度挑戦したが、やはりうまくいかない。3度目の挑戦でようやく、ゆっくり呼吸し、勇気を奮い起こして海面に顔を沈め、数ストローク泳ぐことができた。

そこはプールと違ってレーンもないし、底に黒い線も引かれていなかった。私は方向感覚を失った。おまけに、1分ほどあと、海面に顔を出して位置を確認しようとすると、なんとアザラシと鉢合わせしてしまった。凶暴な動物ではないから大丈夫、そう自分に言い聞かせて泳ぎつづけたが、もうアザラシのことが頭から離れなくなった。アザラシがいるところには、サメもいるはずだ……。

必死に、アニメ映画『ファインディング・ニモ』に出てきたドリーの名セリフを自分に言い聞かせた。「泳いで、泳いで、泳ぎつづけるのよ」。でも、私の圧倒的に不利な状況は変わらなかった。なにしろ、海のなかでひとりぼっち、方向はわからず、サイズの合わないウェットスーツに体の自由を奪われている。しかも、海は暗く、薄気味悪く、おまけに有毒なプランクトンがうようよしている。闘志を失った私は岸まで引き返し、頭を上げるとジャングルのターザンのように左右を見回し、サメの尾ビレが見えないか目を凝らした。

「うまくいかなかった」。戻ってきた私は友人や家族にそう報告したが、わざわざ言うまでもなかった。私が10分間にわたり同じ場所をぐるぐる回る姿を全員が見ていたからだ。「海で泳ぐなんてぜったい無理。出場を取りやめるしかない」、そう思った。

それから数日後、私はこの日のことを友人で仕事仲間のジャック・ブラッドウェイン医師に話した。すると、オタワ大学の医学部長を務める精神科医のジャックはこう言った。「きみは大きな目標を目指しすぎた。一度に多くのことをやろうとしすぎたんだよ」。そして、精神科医がどうやって患者に「恐怖症」を克服させるかを教えてくれた。

彼らがけっしてやらないのは、ヘビ恐怖症の患者をヘビだらけの小部屋に閉じ込めて、「克服しろ」と迫るようなことだ。そうではなく、最初はヘビの写真を見せる。次に、オモチャのヘビにさわらせる。その次は、ガラス越しに本物のヘビを見せる。こうして、少しずつ難しくなる課題を順次克服させてはじめて、最初は怖くて仕方がなかったものをさわり、さらには手で持てるようになるのだという。

ジャックは、きみもそんなふうに進めればいいと言った。まず、サイズの合ったウェットスーツを買いにいく。次に、それを着てプールで泳いでみる。その次に、岸に近い安全な海で泳ぐ。そうすれば、きっと遠泳に挑戦できるようになるよ、と。ただし、相棒と一緒に泳ぐこと、そして赤潮の日は避けること、と釘を刺すのも忘れなかった。

私はさっそくウェットスーツを買ってきて、言われたとおりのことをプールで試してみた。サンフランシスコ・アクアティックパークでも数回練習した。そのあと、経営コンサルタントで熱心なサーファーでもある友人のグレッグ・マッドセンに相談した。「サンタクルーズの桟橋沿いの海を一緒に泳いでもらえない？　最悪でも私のぶざまな泳ぎを見て笑えるから」

私たちがそこを訪れたのは、大会の3日前だった。グレッグがサーフボードで私の前をパドリングして、進路を示してくれた。桟橋との距離を目測してまっすぐ泳ぐ方法も教えてくれた。しばらくすると、グレッグは私の前ではなく、私と並んで進むようになった。さらに、桟橋の突端近くの手ごわい海の乗り切り方をコーチしてくれたあとはうしろに回り、そこから先は私に前を泳がせた。その間も、ときどき声をかけてくれた。結局、1・5キロ泳いで戻ってくるまでに要した時間は31分。悪いタイムではない。ひとりで泳ぐときも同じようにうまくいけばいいけれど、と私は思った。

そして大会の日。私は砕け波のなかに入っていき、レースコースを自力で泳いだ。岸に戻り、海草の上を大股でまたぎながら時計を確認すると、所要タイムは26分。練習より5分も速かった。

ジャックとグレッグは、私に海で1・5キロ泳ぐ方法を教えてくれた。だが、それだけではなく、仕事にも役立つ重要な教訓を教えてくれた。「手ごわい課題は小分けにせよ」という教訓だ。

要求される能力と自分の能力のギャップがあまりに大きいと、悲惨な結果を招く場合がある。雑誌社ハースト・マガジンズの元社長であるキャスリーン・ブラックは、それを思い知らされた。リーダーとして尊敬を集めていたが、2011年にニューヨーク市教育局長に任命されて途方もなく大きな課題に直面した結果、就任後わずか95日で辞任する羽目になったのだ。

少なくとも3つの点で、彼女は資質が大きく不足していた。教育の分野で働くのははじめての経験だったし、それまで接点のなかった多様な利害関係者に対処しなくてはならず、おまけに地方自治という舞台も未知の世界だった。

一方、これとは対照的な例もある。

ある企業のエンジニアリング部門を率いるクリス・フライは、部署内に新しいリーダーシップ思考を浸透させたいと考えたとき、設定する目標を小さいものにとどめた。いだいている野望は大きかったが、まずは「部署全体がほんの少し成長してくれればいいと思っていた」と言う。

マネジメントチームを集めてリーダーシップ研修を実施したときも、クリスは一歩ずつ前に進むという精神を徹底した。まずささやかな実験として、メンバーがチーム内をもっと自由に行き来できるように方針を変更してみた。そして、その結果を受けて修正を重ねていった。

この実験はやがて試験プロジェクトになり、さらには正式なプログラムへと発展した。いまでは、部署全体で実践されている。

小さな段階を踏む過程で、人は着実により険しい坂道を登り切るための力をつけていく。クリスにそのことを教えたのは、「子どもは低い木に登って落ちたほうがいい。そうすれば、もっと高い木に登れるようになるのよ」という母親の言葉だった。

若々しさを維持する習慣

人はつい思い込みというまどろみに陥り、既存の考え方に頑《かたく》なにしがみつき、過去の経験に縛られて型にはまる。古い思考や行動から抜け出すためには大いなる覚醒が必要とされるが、それを繰り返し実践しようと思うなら、新しい習慣を身につけなければならない。

この点は、心臓発作を起こした患者に似ている。胸壁への電気ショックや冠状動脈形成術で命を救えても、再発を予防して長く健康に生きつづけるためには、生活習慣の改善が欠かせない。

実際、永遠のルーキーでありつづけるリーダーは、ルーキー的な資質を失わないための習慣や手順を確立している。フランスの映画監督フランソワ・トリュフォーもそのひとりだ。

彼の映画人生は、地元の書店で映画製作の本を買うことから始まった。52歳で早すぎる死を迎えるまでに監督した作品は25作。その間、はじめて映画を監督したときの気持ちを忘れないために、最初に本を買った書店に何度も足を運び、同じ本を買い直し、読み直した。

イーベイのCEOジョン・ドナヒューの場合は、四半期に1回、オフィスで「考える日」を設けている。それは、学ぶことをやめないリーダーでありたいという決意を貫くための習慣だ。この「考える日」と、毎年恒例の2週間のインターネット絶ちのあとは、より創造的な視点をもてるという。

アップルのセールス部門のリーダーのひとりは、自分の思考が型にはまっていると感じると、大好きなデジタル機器を使うのをやめ、紙と鉛筆を用意して新しい可能性を検討することにしている。そうすると、ルーキー時代に立ち返れるのだそうだ。

別のインターネット企業のCEOは、もっと型破りな手順を用意している。行き詰まりを感じた

若々しさを取り戻すための手順

ルーキー・スマートを維持し、再活性化させる手順を確立しよう。

いつも実践すること

- 「見知らぬ人と話す」（第３章参照）を試し、視野を広げる。
- 「現場で手を真っ黒にする」（第４章参照）を試し、現場を知る。
- 「仕事を交換する」（第３章参照）を試し、ほかの人の仕事を体験する。
- 「考える日」を設ける。
- １週間の読書週間を設ける。
- インターネット絶ちの期間を設ける。
- 異業種のシンポジウムなどに参加する。

行き詰まったときに実践すること

- 「ルーキーだった頃の自分を思い出す」（第３章参照）を試し、難しい仕事にはじめて取り組んだときの気持ち取り戻す。
- 「素朴な問いかけをする」（第２章参照）を試す。
- いつもと違うものを使って考える。ふだんパソコンを使っている人は、鉛筆やマーカーを使ってみる。
- 散歩に出かける。新しいアイデアが見つかるまでは戻らない。
- 10分間の瞑想をする。
- ルーキーと話す。

ら、町をひとつの方向にまっすぐ歩きつづけるのだ。新しいアイデアを思いつくまでは引き返さない。ときには、長時間になる場合もある。それでも解決できないくらい行き詰まったときは、自宅のクロゼットに閉じこもるという。下着以外はすべて脱ぎ捨てて、思考をはたらかせることに集中する。服を脱ぎ、気が散る要因をシャットアウトすると、それまで築いてきた固定観念――その先入観が会社の進歩を阻んでいるのかもしれない――を捨てられるらしい。

あなたも自分なりのやり方を試してみてはどうだろう？　ただし、注意すべきことがひとつある。ルーキーらしさを取り戻すための手順も、一歩間違えば、あなたの手足を縛る危険を秘めている。永遠のルーキーでありたい人は、その落とし穴につねに気をつけなければならない。

【ポールに続こう！】

ビートルズが解散したとき、ポール・マッカートニーはまだギターを捨てるつもりはなかった。彼は音楽人生の第2幕を望んでいた。

ビートルズの末期には、セレブとして生きることを苦痛に感じていた。ライブ中はファンの絶叫で自分たちの歌う声すら聞こえない。自分たちはミュージシャンでアーティストのはずなのに、ステージの上の操り人形になったようだったと、当時を振り返っている。

しかし、ビートルズなきあとに向かうべき場所はどこなのか？　と考えたとき、ポールはまたバンドをつくりたいと思った。ただし、前とは違う形で。スーパースターの地位を武器に新しいバンドを始めるのではなく、すべてを手放し、あるがままに任せたい……。

こうして、以前レコーディングに参加してもらったギタリストとドラマー、そして妻のリンダと一緒に結成したのが、「ポール・マッカートニー&ウイングス」だった。「スーパーバンドとして出発するのではなく、ゼロからバンドを築くことにしたんだ。なにも知らなかったし、すべてを学び直さなくてはならなかった。バンド活動のやり方から学ぶ必要があったんだ」と、ポールは語っている。

しばらくは厳しい日々が続いた。まずは、あちこちの大学でのライブから始めた。彼らはライブの予定が(そして泊まるホテルも)決まっていないまま、バンに子どもたちと犬たちと道具一式を積み込んで出発した。そして、勝手に大学のキャンパスを訪ね、自治会にかけ合い、翌日に演奏させてくれないかと頼んだ。バンドのメンバーは、あのポール・マッカートニーも参加していると説明したが、だれも本気にしなかった――翌日、ステージに本人が登場するまでは。

そこには、アーティストとして生まれ変わり、スーパースターの地位にまつわる一切を捨てたポールの姿があった。

その後、ポール・マッカートニー&ウイングスは、ヒットチャート1位のアルバムを5つ送り出した。全米で1位を獲得したシングルの数は、ビートルズ解散後のジョン・レノン、ジョージ・ハリスン、リンゴ・スターの3人の合計にひとつ足りないだけだった。

人も組織も、「手放すこと」ができないために停滞に陥るベテランが多い。だが、知らないものにふれて驚く喜びを得るためには、知っているものを捨てなくてはならないときがある。永遠のルーキーでありつづけたいなら、つねに最前線で活躍しつづけたいなら、学んだことをいったん捨てて学び直し、前進を続けることを学ばなければならない。哲学者のアラン・ド・ボトンの言葉を借りれば、「前年の自分を恥ずかしく思わない人は、たぶん十分に学習していない」のだ。

第7章のまとめ

ルーキー・スマートは、若者や未経験者や世間知らずの人だけのものではない。どんなに経験や実績が豊富な人でも自分を再生させ、ルーキー時代の感覚を取り戻せる。

《ルーキーへの回帰を実現する戦略》

❶リーダーから学習者へ　最良のリーダーは学習者でありつづけ、問いかけと発見ができる環境をつくる。リーダーや専門家として高い場所から下を見下ろすのではなく、外の世界に目を向け、新しいことを学ぶべきだ。以下のいずれかを実践してみるといい。

- 「知らないこと」リストをつくる。
- 「知らない」と公表する。
- 思い込みを捨てる。
- 部下にメンタリングしてもらう。
- 仕事を交換する。
- 素朴な問いかけをする。

---

❷非快適ゾーンに足を踏み入れる　一般に、私たちがものごとを学ぶのは、学びたいときではなく、学ばざるをえないときだ。快適ゾーンの外に出ていけば、ルーキー・モードになり、いやでも学習しないわけにいかなくなる。以下のいずれかを試してみるといい。

- あえて「資質不足」の仕事に取り組む。
- フロンティアとの境界に身を置く。

---

❸小さな行動をとる　過度に意欲的になり、スキルや知識が不足しすぎている状況に身を置くと、失敗しかねない。快適ではないけれど、達成不可能ではない課題に取り組む。適度な試練に挑むのがポイントだ。

---

❹若々しさを取り戻すための手順を確立する　つねにフレッシュであるための行動を習慣化しよう。そうすることで、古い思考や行動を断ち切れるようにする。「若々しさを取り戻すための手順」（232ページ）を参考に。

III

人に続いて組織も変わる

第8章 組織も若返らせよう！

どん欲であれ《ステイ・ハングリー》、愚直であれ《ステイ・フーリッシュ》。
――スティーブ・ジョブズ

1940年代、コンバースのスニーカー「チャック・テイラー」は、アメリカで最も人気のあるバスケットボール・スニーカーだった。ほかのあらゆるスポーツ向けのスニーカーでも、同社は市場のトップに立っていた。1960年代には、一般消費者向けスニーカー市場の8割を制するまでになった。この頃は、大学バスケットボール選手のじつに9割がコンバースのスニーカーを履いていた。好調なものはいじりたくない。コンバースは、うまくいったことをやりつづけた。

しかし、1980年代に入ると、市場シェアが大幅に落ち込みはじめた。いくつもの新興勢力が台頭し、もっと質の高いスポーツシューズを投入するようになったからだ。それでも、コンバースは過去にどっぷり浸かりつづけた。1992年にマジック・ジョンソンが述べたように、「コンバースは60年代と70年代にはまり込んで」いた。結局、それから10年もしないうちに、同社は破産申請に追い込まれ、2003年、ナイキに買収された。

ナイキは、栄光の老舗ブランドの再生に着手した。輝かしい歴史を武器にして、まず狙ったのは、スポーツシューズ市場だった。ここで足場を取り戻そうと考えてのことだ。だが、ライバルブランドの壁は厚かった。その一方、「チャック・テイラー」が急速に、アーティストやスケートボード愛好家、ポップスター、そして自由でクリエイティブな若者たちの御用達ブランドになりつつあった。古臭いイメージをもたれていたブランドが、若者やトレンドメーカーたちの間で新しい命を獲得しはじめていたのだ。

2011年に社長兼CEOとしてコンバースに加わったジム・カルフーンは、この変化を見て方向転換をはかった。若者文化という新しい領域を目指すことにしたのである。ただし、そのためには会社が変身して、新しい顧客たちと同様にクリエイティブで、敏捷で、実験精神に富んだ存在になる必要があった。

そうした転換を遂げるうえで重要な役割を果たしたのが、デザインとイノベーションを担うチームだった。チームを率いたのはピーター・ハドソン。メンバーに高い要求や難しい課題を突きつけることで知られていた人物だ。ピーターはただちにブライアン・シオフィをマネジメントチームに抜擢し、イノベーション責任者に指名した。そして、ふたりで「すぐにつくる」主義（第2章参照）を導入し、デザインのプロセスを加速させた。

このときピーターは、おそらく自分でも気づかぬまま、チームにルーキー・スマートをもたせようとしていた。インターネット上に斬新な作品を発表していたオランダ人アーティストのエリックを雇ったのも、そのひとつだった。ピーターはエリックにふたつのベーシックなスニーカーのシルエットを示して、こう問いかけた――これらのスニーカーは、未来にはどんなものになると思う？

エリックはさっそく実験に着手し、たちまちいくつかのサンプルを仕上げた。感心したピーターは、もっと彼の創造性を引き出そうとした。「ほかにはどんなアイデアがある？」。次に仕上がったデザインは、いっそう目をみはるものだった。エリックは、ピーターの言葉を借りれば「手加減なしの、とびきりクールなルーキー的才能」をチームに注入したのだ。

それまで、ピーターの新しいやり方は、経験豊富なメンバーたちを不安にさせていた。行き詰まりを感じ、どうやって前進すればいいか見当がつかない人も多かった。だが、新しいアプローチの成果を目の当たりにしたことで、頑なな態度を和げていった。

一方、ブライアンも改革を進めていた。あまり活躍の機会を与えられていなかった若手社員を抜擢し、それまでより大きな責任と発言権を与えたのだ。たとえば、アンジェラという若手にイノベーション開発を担当させた。ブライアンはこう言った。「きみを信頼している。やりたいようにやってほしい。責任は私がとる」。アンジェラはさっそくあちこちに出向いて質問を投げかけ、2日後には工場と直接やりとりを始め、生産に要する期間を数週間短縮してみせた。

ブライアンはまた、ジョーダンというスタッフに未来志向のリサーチ業務を担わせた。すると、ジョーダンは与えられた課題を次々に解決しつつ、同僚たちに片っ端から協力を求めていった。デザインチーム内でのコラボレーションを刺激し、さまざまなアイデアの「交配」を促したのだ。アンジェラとジョーダンに大きな役割を与えたことで、ふたりのルーキーが急速に学習したのはもちろん、チームの活動ペースも加速していった。

しかし、そのなかで、最も経験豊富なダンだけが停滞を抜け出せずにいた。長年、トップアスリートの足にナイキのシューズを完全にフィットさせる仕事を任されていた人物だ。プロスポーツ選手のなかには、その仕事ぶりからダンを「ナイキのシールズ隊員」と呼ぶ人もいた。海軍特殊部隊（ネイビー・シールズ）の隊員のように、ある日突然ロッカールームにやってきてシューズをぴたりと仕上げ、任務が終わるとどこかへ去っていくからだ。

それなのに、この完璧を追求してきた熟練の職人は、これまで学んだことを捨てて、完全でない試作品を短期間でつくることを新たに学ばなくてはならなくなった。ダンは戸惑い、苦戦を強いられた。「自分は質の高いシューズをつくり上げるエキスパートだ――そういう思いが抜けなかった。ほかのデザイナーたちに、正しいやり方を教えてやりたいと思っていた」と、本人は言う。

やがて、ピーターはついにダンを呼び出し、「あなたには変わってもらわなくてはならない」と言い渡した。「あなたの専門知識が必要だ。ただし、それをいままでと違う方法で使ってほしいのです」。本人いわく、ダンは陸上競技のトラックを延々と走りつづけるほうが落ち着くタイプで、途中で方向転換して新しい方向に足を踏み出すのは性に合わない。それでも、「挑戦したい」と言った。すると、ピーターはこんな助言をした。「あなたがリーダーの役割を担って、メンバーが質の高いデザインを素早くつくり出すのを支援するといいですよ」。ダンが必要としていたのは、このように方向性を示してもらうことだった。

ほどなく、ダンは、デザイナーたちが素晴らしいデザインを迅速に生み出すには、デザインの土台になるシンプルな型紙《パターン》が必要だと気づいた。さっそく、ナイキが誇る型紙づくりのエキスパートたちに頼んで「チャック・テイラー」のアッパー（靴底以外の甲の部分）の型紙をつくってもらった。そして、そのシンプルな型紙が完成すると、同僚たちを集めて説明した。「これをフェンスだと思ってほしい。その内側にとどまるかぎり、好きなように遊んでいい」

こうして同僚たちが仕事をしやすいようにしたあとは、みずからも素早い試作品づくりを楽しみはじめた。ゴージャスなイタリア製レザーに手縫いでステッチを施したロートップ・スニーカーや、ダウンジャケットの生地を使った超軽量のチャック・テイラーも、1日でデザインしてつくりあげた。ダンもチームのメンバーも、さまざまな可能性を模索しつづけた。

それから数カ月後、ピーター、そしてブライアンと一緒にナイキ本社を訪れたダンが、デザイン工房でラバーのサイドウォールをデザインしていたときのこと。ブライアンがふざけて、敷地内の離れた場所で幹部会議に出席していたピーターに、その写真を携帯メールで送ると、ピーターの遊び心にも火がついた。「サイドウォールを透明、もしくは鏡のようにできない？」。ふたりがそれを実現してみせると、ピーターは、このあと重要な戦略会議で発表する予定だった試作品に、そのサイドウォールをつけられないかと言いだした。

リスクの大きなアイデアだった。会議のために持ってきていた試作品はひとつだけで、しかもそれをつくるのに1カ月かかっていたのだから。だが、俊敏に生まれ変わっていたダンは「大丈夫、できる」と言い、すぐにグラインダー（研削盤）のある場所に向かった。そして、唯一の完璧な試作品を壊してものの5分でつくり直すと、それをもって敷地内を走り、ピーターのいる会議室に飛び込んだ。

その後、「すぐにつくる」主義は社内に広がり、コンバースは市場の変化に迅速に対応し、トレンドに沿った商品を素早く送り出せるブランドに生まれ変わった。もちろん、都市の若者や流行に敏感なアーティスト系の人たちがコンバース・ブランドを再発見したことも大きかったが、勇気ある経営幹部とベテランデザイナー、そして向こう見ずな新人たちが結束し、自分たちのルーキー・スマートを呼び起こしたからこそ、ブランドを再生させ、そこに新しい命を吹き込めたのだ。

この最終章では、リーダーと組織が（年齢や会社の歴史の長さに関係なく）メンバーのルーキー・スマートを生かすためにはどうすればいいかを見ていきたい。どのようなリーダーシップと人事を実践すれば、ルーキーの能力を最大限活用し、同時に、最も経験豊富な社員も含めて全員がフレッシュな思考と活力を維持できるかも論じたい。

まずは、ルーキーが最高のパフォーマンスを発揮するために、どのようなリーダーシップが必要なのかから説明しよう。

【ルーキーを活かすリーダーのやり方】

先述したように、ルーキーは、たいていの人が思っているより多くの成果を上げられる。イーベイのあるマネジャーもこう言っている。「私は昔、新しく働きはじめた人は空っぽの状態でやってくるから、それを満杯にしなくてはならないと思っていました。でも実際は、能力がいっぱい詰まった状態でやってくる。その点では、ほかのコラボレーションの相手と変わらないのです」

とはいえ、ルーキーは導きと手引きを必要とする。ルーキーが最も質の高い仕事ができるのは、新しい可能性を探索する自由と、学習意欲の源になる責任を与えてくれる、注意深く配慮のあるリーダーの下で働くときだ。要するに、ルーキーには、学習と発見を促せる環境とともに、コントロールすべきときと自由にさせるべきときを心得たマネジャーが欠かせない。

有能なリーダーは、手綱ではなく凧の糸を握る。その糸をしっかり安定させ、適度な張りを保つことで、ルーキーが空高く舞えるよう導くのだ。

リーダーがルーキーのパフォーマンスを最大限に高める方法は、3つある。

▼行動❶方向性を示したうえで自由を与える

ルーキーは速く前に進むが、誤った方向に突き進んだり、広く開けた世界で方角がわからなくなり、あてどなくさまよい歩く場合も多い。「ルーキーは推進力ばかりあって、方位がわからない飛行機のようなものだ」と、アメリカ海軍の元艦長ショーン・ヘリテージも述べている。だから、リーダーが正しい方向を示してやる必要がある。コンバースのダンとチームのメンバーがそうだったように、人は活動の大枠を与えられたとき、自由に創造性を発揮できる場合が多い。

正しい方向を示すためにすべきことは3つある。第1に、達成すべき目標と、その目標が重要である理由を伝えること。第2に、活動が許される範囲を設定し、なにをもって目標達成とみなすかを明確にすること。そして第3に、メンバーが専門家に相談して導いてもらうよう促すことだ。専門家のリストを渡したり、直接引き合わせたり、場合によっては最低5人の専門家に相談するよう命じたりして、彼らの背中を押すといい。こうして、「なに」「なぜ」「だれ」を示し、「どのように」はメンバー自身に考えさせるのだ。

あとは十分な自由を与えるだけだ。ただし、その際には、第4章で紹介した「実験の場を決める」を忘れてはならない。失敗しても挽回可能な領域を見つけて、安全に実験できる場を用意し、コンバースのブライアン・シオフィのように、「責任は私がとる」と言って安心させること。私たちのマネジャー調査でも、ルーキーのマネジメントでカギを握る要素はなにか、という問いに対して最も多かった答えは「失敗できる場を与えること」だった。

▼行動❷ 建設的な「ミニ試練」を与える

ルーキーには手ごわい課題を与えよう。ただし、手も足も出ないような試練では精神的にまいってしまう。だれかに初体験の仕事をさせるとき、課題が難しすぎるくらいなら、簡単すぎるほうがまだましだ。望ましいのは、言ってみれば建設的な「ミニ試練」。行動を突き動かすような緊張感を生み出せて、「意義の大きさ」と「難しさ」と「評価される機会」をあわせもった課題だ。ことのほか経験が乏しい人には、2週間以内で完了できる仕事を用意するといい。これなら、すぐにフィードバックを受け、評価してもらえる。

課題の難度を決めるときは、リスクを考慮に入れることも重要だ。ルーキーに学習させることのメリットと、失敗した場合のダメージのバランスをとるのだ。以前、私がエール大学医学大学院系の病院でリーダーシップのセミナーをおこなったとき、研修医の実習プログラムを監督している医師たちが興味深いジレンマを語った。研修医に自由を与えて思う存分腕を振るってもらいたいが、患者の生死に関わることだけに、どうしても細かいことまで管理し、頭ごなしに指示を飛ばしてしまう、というのだ。手術室で患者の心臓が止まりかけているときに、学習させている余裕などないと、医師たちは言った。

私はそれに理解を示したうえで、こう尋ねた。「そのような状況が訪れるのは、勤務時間の何%くらいですか?」。たぶん3~5%くらい、というのが答えだった。そこで私はこう助言した。「残り95%の時間は、リーダーシップの振るい方を変えるべきかもしれませんね」

その数カ月後、アメリカ海軍大学院で艦長を務める士官たちと話したときも同様の話になった。

同じように尋ねてみると、生死に関わる局面は、時間にしてせいぜい全体の2〜3％程度だという。もちろん、そうした重大局面にルーキーの出番はない。しかし、ほかの97〜98％の時間は、ルーキーに失敗を許してもいいのではないか。

ルーキーは、ミニ試練に加えて、ミニ・フィードバックも必要とする。つねに情報を受け取り、軌道修正して道をはずれないようにするためだ。フィードバックは、すぐに、そして少しずつおこなうのが最も好ましい。ほかのことのついでに気軽に伝えるだけでも、効果はある。

▼行動❸安全ネットつきの綱渡りをさせる

リーダーは、ルーキーに綱渡りをさせるだけでなく、落下した場合にキャッチする準備もしなくてはならない。

ほかの章でも紹介したコンサルティング会社のBTSは、リスクの大きなプロジェクトにルーキーを投入し、しかも安全を確保するために、きわめて有効なシステムを編み出した。副社長兼共同経営者のダン・パリシ（第5章に登場したジェシカの夫）はこう説明している。「私たちの仕事は人々に学習をさせることです。学習の難度が高い場合は、安全ネットを用意する必要もあります」

同社ではすべてのプロジェクトで、だれかひとりを安全ネット役に指名している。問題は、どうすれば過度に干渉しすぎずにルーキーを助けてやれるのか、そして、恥をかかされたと感じるルーキーの怒りを買わないで済むのか、という点だ。だれだって、ロープから落ちて尻もちをつき、上司に「救出」される醜態はさらしたくない。この問題を解決するために、BTSは以下のような方法をとってきた。

第1に、マネジャーではなく、ベテランの同僚やプロジェクトマネジャー（つまり、部下を直接マネジメントするのではなく、顧客との関わりを監督している人物）に安全ネット役を担わせた。

第2に、「安全ネット」という言葉を社内に浸透させた。マネジャーの介入を「処罰」とみなすのではなく、安全ネットという「サービス」と位置づける認識を広めたのだ。

第3に、シニアパートナーやプロジェクトマネジャーに多くの業務を管轄させ、大勢の部下を監督させた。有益なコーチングやメンタリングをおこなう余裕はあっても、部下をこと細かに管理するまでの時間的余裕はないようにするためだ。

第4に、まったくの未経験者には、綱渡りのロープを張る場所を低く、安全ネットを張る場所を高くして、危険を小さくした。そのあと経験を重ねるにつれて、本人が気づかないうちに、ロープを高く、ネットを低くしていく。

ただし、ルーキーはすべてをマネジャー任せにしてはならない。みずから快適ゾーンを出て、必要に応じて助けを求め、素早く学習すること。もっと手ごわい課題に挑めるようになったと思えば、それをマネジャーに知らせる必要もある。ルーキーにもすべきことがあるのだ（左表参照）。

ルーキーがすべきこと

ルーキーとして未知の仕事に臨むときは、自分が新人であることを受け入れ、本書で論じてきた４種類のルーキー・スマートのモードで行動し、永遠のルーキーの行動パターンを模倣することを忘れてはならない。具体的には――

- 自分の能力を過小評価しない。
- 建設的な試練に前向きに取り組む。
- 快適ゾーンの外に踏み出す。
- 課題が難しすぎる場合は、難度を調整する。
- 自分が「知らない」ということを打ち明け、未経験者だとみんなに言う。
- 専門家を探す。
- フィードバックを求める。
- 小さな活動を、素早くおこなう。
- 謙虚で、好奇心をもち、遊び心を忘れない。つまり、肩に力を入れない。
- 慎重に、計画を立てて行動する。
- オープンな姿勢と柔軟性をもちつづける。
- 後方からでもいいのでリーダーシップを振るう意思をもつ。

【最も効果的なルーキーとベテランの組み合わせ】

ルーキーは、みずから目覚ましい成果を上げるだけでなく、ベテランにも火をつけることが多い。真に素晴らしい結果が生まれるのはたいてい、ルーキーとベテランが手を携えて行動するときだ。

では、両者の力を最大限生かせるチームやパートナーシップを築くには、どうすればいいのか？賢明なマネジャーたちを調査した結果、4つのパターンが見えてきた。

「地面」と「火花」　ベテランが活動に明確さと落ち着きをもたらし、地に足をつけさせる役割を担うのに対し、ルーキーは新しいエネルギーと決意をもたらす。2013年の映画『キャプテン・フィリップス』では、アカデミー賞受賞歴のあるベテラン俳優トム・ハンクスが、ソマリア海賊に乗っ取られた貨物船の船長を演じた。冷静で知恵ある船長のキャラクターを見事に際立たせた演技は、長年の経験と勤勉な取り組みの賜物だ。一方、海賊のリーダー、ムセを演じたバーカッド・アブディは、この作品がデビュー作で、それまではミネソタ州でリムジンの運転手をしていた。ハンクスの落ち着いて明快な演技に対して、アブディは不安が生む圧倒的なエネルギーと緊迫感をもって演じた。それは、NBCテレビのニュースショー『トゥデイ』の司会者マット・ラウアーをして、「主役を食った」と言わしめたほどだった。

監督のポール・グリーングラスの指示で、ふたりは一緒に撮影する日まで対面を避けていた。そして撮影当日、ムセは貨物船に乗り移ると、荒々しく船橋に踏み込んで、船長から船のコントロールを奪った。アブディの緊張が強烈なエネルギーを生み出していることは、スクリーンを通しても伝わってくる。このデビュー作に全身全霊で取り組んでいたという彼は、大御所のハンクスを向こうに回し、名セリフをアドリブで発した。船長をにらみつけてこう言ったのだ。「オレを見ろ。いまからオレが船長だ」。ベテランの手堅い演技にルーキーの荒削りの才能が組み合わさったことで、この作品はいくつもの映画賞を受賞する傑作になった。

「スカウト」と「新人タレント」　これは、ルーキーが新しいアイデアと画期的なアプローチを持ち込み、ベテランがルーキーの後援者になるパターンだ。ベトナム戦争が終結して7年後の1980年、ベトナム退役軍人記念碑基金は、戦死者の功績を称え、和解を訴えるために、ワシントンに建てる記念碑のデザインを公募した。作品に対してはいくつかの要求事項があった。そこを訪れた人を敬虔《けいけん》な気持ちにさせること、周囲の環境と調和したものであること、戦死者と行方不明兵の氏名を記し、政治的主張をしないこと、である。

選考は、国際的に評価の高い8人の芸術家とデザイナーで構成する審査委員会が担った。委員会はまず、1421点の応募作品を232点に、さらに39点に絞り込んだ。最終選考の日には、残った候補作品のポスターが大きなホールに貼り出された。審査員たちはそれを見て回り、自分が推したい作品のポスターをはがして会議室にもっていき、そこで意見を戦わせることになっていた。

ところが、審査員のひとりであるシカゴの著名建築家ハリー・ウィーズが遅れて到着した。ほかの審査員は会議室にこもって選考を始めていた。ウィーズはホールに行くと、選ばれずに残された作品をひとりで見て回った。そして、あるエレガントな作品に釘づけになった。

作品番号1026番。それは、ふたつの壁がV字状に配されているだけのデザインだった。磨き上げられた黒い花崗岩の壁に、5万7661人の氏名が死亡時・行方不明時の順番に彫られる。黒く光沢のある壁は、そこを訪れた人の顔を鏡のように映し出すことで、過去と未来を結びつけるという。

ウィーズはそのポスターをはがして会議室に向かうと、2時間にわたって熱弁を振るった。エジプト式ともギリシャ・ローマ式とも言えないシンプルで型破りのデザインだが、基金が定めた基準に完璧に適合する素晴らしい作品だ、と。結局、ほかの審査員たちもこのデザインがもつ可能性を理解し、全会一致で採用を決めた。

1026番は、当時21歳のエール大学建築学部生マヤ・リンの作品だった。飾り気のない黒い壁が地面から出てきたように見えるデザインは、アメリカ社会が負った途方もなく大きな傷、失われた兵士たちの命の重みを象徴している。記念碑は1982年10月に完成し、いまも人々を内省に誘う強力な場でありつづけている。さらに、アメリカの人気建築物のトップ10に選ばれ、これ以降のアメリカの戦争記念碑の原形にもなった。

斬新な記念碑を生み出したのは、ルーキーのリンだった。しかし、その構想が実現するためには、ひとりのベテラン建築家がそれを評価し、価値を強く主張する必要があった。リンはその後、30を超す重要な記念碑や公共建造物をデザインし、2003年には、9・11テロで破壊された世界貿易センタービル跡地に建てる記念碑のデザインコンペで審査委員を務めた。「アートとは、人がなにか新しいものを、未知のものをすすんで表現しようとする行為でなくてはなりません」と言うリンは、2009年に国民芸術勲章を受章した。

新しい才能を発掘して力をもたせることは、経験と専門知識の持ち主の責任でもある。

「アドバイザー」と「起業家」　これは、テクノロジーとイノベーションに牽引される組織でとりわけ威力を発揮する組み合わせだ。ルーキーである起業家は、業界をひっくり返しかねない新しいアイデアとテクノロジーを持ち込む。一方、アドバイザー（たいていは、成功したテクノロジー専門家で企業経営の経験が豊富なベンチャーキャピタリスト）は、新しい会社の成長を加速させるための資金を提供し、経験の乏しい起業家がビジネスの世界を渡っていくために欠かせない手引きをする。人脈を紹介したり、貴重な助言と警告を与えたりするといったことだ。

世界屈指のベンチャーキャピタル会社であるアンドリーセン・ホロウィッツでも、世界を変えたいと意気込む才能あふれる起業家には、ベテランのアドバイザーを組ませている。それだけではない。ふつうは、創業者（製品開発の天才だが、リーダー経験が不足している場合が多い）をいずれベテランCEOと交代させるが、同社は創業者をトップに据えつづけ、会社の成長とともにリーダーとして成長する後押しをしているのだ。本書執筆時点で、この会社の投資先企業のCEOの3分の2は、現在の会社ではじめてCEOを経験した人物だ。

「多様な天才たち」のチーム　異なる経歴と経験の持ち主を集めて多様性の高いチームを築けば、チームワークは難しくなる。しかし、そのようなチームのほうが好ましい結果を生むことも多い。最先端の創造的思考が求められる局面では、なおさらだ。スタンフォード大学のロバート・サットン教授はこう述べている。「強烈なイノベーションが実現するときは、あまりに少ししか知らない人と、あまりに多くを知っている人が組み合わさっていることが多い」

大量の知識と新鮮な思考のぶつかり合いは、ときに現状を根底から変えるような進歩をもたらす。ベテランがルーキーを教えるだけでなく、ルーキーがベテランのナイフを研ぐときもある。ベテランはルーキーに教えることを通じて固定観念を問い直し、ルーキー的思考を取り戻せるのだ。ベテランとルーキーの資質がいずれも価値あるものと認められれば、両者の緊張の火花は目覚ましい成果を生む。ただし、どちらかが軽んじられれば緊張関係は消え、単に摩擦が弊害を生むだけになる。

私たちの調査によれば、チームをつくるとき、ルーキーとベテランのどちらかを極端に多くするのもよくないが、半々にするのも好ましい結果になっていない。半々にすると、おのずとベテランが優位に立ち、ルーキーの声を封じてしまうからだ。

たとえば、エンジン・発電機の世界的有力企業であるカミンズで、エグゼクティブ・エンジニアを務めるジャール・パーセルは、プロジェクトチームをつくるとき、メンバーの10～20％をベテランとし、残りを経験3年未満のスタッフにしているという。スイスの食品・飲料品大手ネスレの場合は、モチベーション向上策の一環として、一部の業務部門のマネジャーに、エキスパート＝5％、経験1〜3年＝85％、大学新卒者＝10％でチームを構成するよう求めている。

逆に、チームに少人数のルーキーを加えて目覚ましい成果を上げることもある。ルーキーの素朴な疑問が、チーム全体の思考の方向を変える可能性を秘めているからだろう。

著名な物理学者のポール・デイヴィーズは、あるときアメリカ国立癌研究所（NCI）に招かれて、研究所のリーダーたちと意見交換することになった。だが正直に言って、自分がなにかの役に立てる自信はなかった。NCIのこともまったく知らなかった。自分に唯一資格があるとすれば、癌に関する予備知識に邪魔されないことだと、ジョークまで言っていた。

ところが、研究所訪問の日、癌研究の「ルーキー」であるデイヴィーズが癌研究所の世界を理解するために基本的な質問をいくつも投げかけると、研究所のリーダーたちは彼の言葉に触発されて、これまで意識していなかった前提を問い直しはじめた。のちに、NCIは12の物理腫瘍学センターの設立に総額1億2000万ドルの助成金拠出を決め、デイヴィーズもその研究所のひとつで主任調査官に就任した。

【チームや組織にルーキーらしさを取り戻す方法】

ルーキーらしさを失ったチームや組織が、本当にそれを取り戻すことはできるのか？　会社全体が、ルーキー的な思考と行動の仕方を再び学ぶことは可能なのか？　もし可能だとすれば、居心地いい状態にある個人や組織に飢餓感と好奇心を再び目覚めさせるためには、具体的にどうすればいいのか？

産業界の歴史を振り返れば、消えかけていたルーキー・スマートを再び活性化させた例は枚挙にいとまがない。ＩＢＭは、業績が低迷し、息が詰まるような企業文化が蔓延していた時期を経験したのち、企業向けソフトウェアとＩＴサービスの有力企業として蘇った。アップルは、その他大勢のテクノロジー企業に成り下がりつつあったが、スティーブ・ジョブズが経営に復帰したあと、世界で最も株式時価総額の高い企業に成長した。この種の復活劇は、たいてい有力な新製品の登場をともなうが、会社の変身を可能にしたのは、組織全体に注入された新しい思考だった。

以下に、あなたの組織が蘇る方法を３つ紹介しよう。

▼行動❶人材マネジメントのあり方を再考する

スーザン・バーネットは、ヒューレット・パッカード（コンピュータ）、ギャップ（衣料品）、デロイト・トウシュ・トーマツ（会計事務所）、ヤフー（オンラインサービス）という多分野のグローバル企業で人材マネジメント部門のトップを努めてきた。その彼女が私たちの調査結果を見て、「少なくとも過去20年間の人材マネジメントの常識をほぼすべて再検討しなくてはならない」と考え、見直しが必要そうなものをリストアップしていった。経験を基準にした採用と昇進、将来有望な幹部候補生の選抜と育成、幹部向け研修、年次個人成績評価……リストはまだまだ続いた。

過去数十年にわたり主流だった経験ベースの人事政策は、未来の職場にもふさわしいのか？ いくつかの人事手法は、根拠を失っているように見える。たとえば、「スキルと経験のレベルを見れば、その人物がどのくらい成果を上げられるか予測できる」という前提に立つ企業は多いが、新しい仕事の場合、この発想は通用しない。どのくらい成功するかは、どのくらい素早く学習できるかで決まる面のほうが大きいからだ。また、多くの人材育成プログラムは、経験豊富な人物が教師やメンターを務めるものと決めつけている。しかし、仕事の世界で変化の速度が増している時代には、末端の従業員が意見を述べ、トップがそれに耳を傾ける機会を設けるほうが有効な場合もある。

今後、ルーキー・モードが強力な学習と大きな成果を生むという理解が深まるにつれ、既存の人材マネジメントは見直しを迫られるだろう。

ルーキー・スマートが浸透した組織にするための具体策を、以下に挙げてみよう。

採用　採用は、経験ではなく、学習する速さを基準におこなう。それが可能な人間かどうかを調べるには、本書で論じた永遠のルーキーの4つの資質――好奇心、謙虚さ、遊び心、計画性――に着目するのが手っ取り早い。これらの資質はルーキー・スマートを長く維持することを可能にするものであり、それを見れば、その人が永遠のルーキーになれるかがわかる。
ルーキー・スマートのモードがルーキーの思考と行動の集合であるのに対し、永遠のルーキーの

ルーキーの資質、思考パターン、行動パターン

永遠のルーキー	ルーキー・スマート	
資質（どのような人間か）	**思考パターン**（どのように考えるか）	**行動パターン**（どのように行動するか）
好奇心	バックパッカー	探検する
謙虚さ	狩猟採集民	専門家を探す
遊び心	ファイアウォーカー	迅速に動く
計画性	開拓者	組み立て、アドリブで対処し、精力的に動く

資質はそれらの思考と行動の土台を成す性質だ。資質をもっている人に新しい行動を移植することは比較的簡単だが、ある人に新しい資質を植えつけることはそれよりずっと難しい。たとえば、だれかに謙虚さを教えようとしても、専門家の助言を求めるよう教える場合ほどはうまくいかないだろう。

だから、すでに永遠のルーキーの資質をもっている人物を採用し、その人にルーキー・スマートのモードで行動するようコーチングするほうがいい。好奇心があり、謙虚で、遊び心があって、計画性をもった人物を雇えば、コーチングの効率も高まるはずだ。

カリフォルニア州のロスアルトス学区は、ジェフ・バイヤーのリーダーシップのもとで教員の採用基準を見直し、いくつかの資質に着目するようにした。オープンな精神、適応力、知的成長の可能性を信じる思考様式、ユーモア感覚、喜びの気持ちなどを重視したのだ。すると、つねに変化する教育の現場におけるイノベーション能力と適応能力に長けた教員が、次々と集まりはじめたという。

これらの資質の多くは、グーグルの採用基準にも含まれている。同社の人事部門トップであるラズロ・ボックによれば、同社で最も重んじていないのが専門知識で、逆に最も重んじているのは、①学習する能力、②リーダーシップ（具体的にはリーダーとフォロワーの両方の立場を行き来する能力）、③知的謙虚さだという。同社では、エキスパートよりゼネラリストを好む傾向が強い。「急激な変化にさらされている時代には、私たちの頭脳にかかる負担も大きい。そのような環境で求められるのは、すべて自分で知っておく必要があると思う人ではなく、賢明で、迅速に学習でき、謙虚な人だ」と、ボックは説明している。

第1章にも登場したベンチャーキャピタリストでブロガーのトマシュ・トゥングズも、次のように書いている。「エンジニアリング関連企業のトップふたりに、新規採用の際に最も重んじる要素はなにかと尋ねてみた。ふたりとも答えは同じだった。それは〝謙虚さ〟である。新興企業には謙虚な姿勢がきわめて重要だ。そのため、採用選考でもまずそこを基準に候補者をふるいにかける」

職務の内容と昇進　マネジャーのなかには、よかれと思って部下を変化と混乱から守る人がいる。そうすれば、たしかにその部下は一時的に守られるかもしれない。でも、快適な世界に閉じ込められることは、本当に幸せなのだろうか？

私たちの調査でも、この点に焦点を当て、約1000人に以下のことを尋ねた。「①現在の役割で仕事のやり方をつかむまでに、②次の大きな課題に挑む用意ができたと感じるまでに、③新しい役割に移る用意ができるまでに、④現在の役割に刺激を感じなくなりはじめるまでに、どのくらい時間がかかったか？」

結果は次のとおりだった。①現在の役割で仕事のやり方をつかむまでに3カ月。②次の大きな課題に挑む用意ができたと感じるまでに3カ月。③新しい役割に移る用意ができたと感じるまでに1年。④現在の役割に刺激を感じなくなりはじめるまでに2年。

これを職種別に分析したところ、個人単位で仕事をしている人は、仕事に刺激を感じなくなり、新しい課題に挑む用意ができたと感じるのが早かった。一方、ミドルマネジャーは、新しい役割に移る用意ができたと感じるまでが早かった。

この結果を見るかぎり、多くの人は3カ月おきに新しい課題に挑み、1年おきに新しい役割に移る用意ができている。そうだとすれば、メンバーが仕事に刺激を感じなくなることを防ぐには、毎年1回のペースで人事異動をおこなう以外にも打つ手があるはずだ。具体例を挙げてみよう。

ⓐあらゆる役割にルーキー的な要素をひとつ加える　社員に与える役割はその人の強みと現時点でのスキルに応じたものになるだろうが、少なくともひとつは、知識やスキルの不足を埋めなくてはならない要素を加える。

ⓑ部署内の昇進だけでなく、他部署への人事異動をおこなう　投資信託大手バンガードは、人事異動でマネジャーたちにさまざまな役割を経験させている。購買担当がＩＴ担当に異動することも珍

しくない。現在の最高情報責任者（CIO）は、前の役職では大口顧客のマネジメントを担当していた。前CIOは、小口顧客部門の責任者に異動した。その前のCIOは現在、最高投資責任者を務めている。このような「シャッフル」をおこなうことで、リーダー層は新鮮な思考をもちつづけ、事業の全体像を把握できる。

ⓒ一定期間でのマネジャーの異動を必須とする　石油大手シェブロンは、採掘・生産活動をグローバルに担う人材に対し、原則として4年おきに新しい役職に移ることを求めている。カリフォルニア州サンホアキン・バレーで生産施設のマネジメントを担当していた人が、次はカザフスタンで採掘事業を監督してくれと言われるかもしれないということだ。スイスのネスレ社も同様のアプローチを採用している。上級マネジャーは、最長3年でいわばリフレッシュ・ボタンを押されて、別の役職に移る。その結果、マネジャー自身がつねに試練と向き合い、フレッシュでいられるだけでなく、マネジャーが率いる部署全体にも新しい風が吹き込まれている。

ⓓ昇進基準を見直す　空いたポストにだれを昇進させるか検討するときは、候補者の学習スピードも考慮に入れる。その人物は、好奇心があって、謙虚で、遊び心があり、計画性をもっているか？　これまで未経験の仕事で成功してきたか？　を調べる。ある人物を現在の能力以上の役職に起用しようと考えているなら、過去に同様のケースで成功したことがあるかを見る。

学習と能力開発　学習と能力開発の専門家たちだって、必死に学習せざるをえない環境に身を置くことの効果はよく知っているはずだ。自分たちも昔はルーキーで、学習せざるをえない立場だったのだから。それなのに、大半の正式な研修プログラムは、それとは正反対の設計――快適な環境にいる人たちに、居心地のいいソファから立ち上がり、目の前に迫っているわけでもない山を登れと促すようなもの――になっている。

実際、一定のサイクルで従業員の能力開発に取り組むというパターンにはまっている組織は多い。四半期ごとにマネジメントの講義を受けさせたり、毎年1回マネジャーを集めてミーティングをおこなったり、年ごとに個人個人の能力開発プランを作成したりといった具合だ。しかし、人はカレンダーに「学習の時期です！」と書いてあるからといって学ぶわけではない。まだ成長への意欲をいだいていない人に研修を受けさせても、貴重な資源の浪費にしかならない。一対一のコーチングはその典型だ。

多くの場合、コーチングは、企業がマネジャーとスター社員に対しておこなう投資のなかで最も費用がかかっている。私は以前、あるグローバル企業のコーチングに参加したことがある。定評あるコーチを10人招き、社内の20人の幹部にリーダーシップの指導をするというものだった（1人のコーチが2人の幹部を受け持った）。最後に、コーチたちが成果を話し合ったのだが、私はその一流コーチたちの言葉に衝撃を受けた。冴えない成果しか上がっていなかったり、明らかに失敗に終わったりした事例が非常に多く指摘されたからだ。私が担当した幹部のひとりも、成果が上がらなかった。幹部の多くは、上っ面でしか課題に取り組んでおらず、結局はそれまでと同じようなリーダーシップのままだった。会社が能力開発に莫大な投資をしてくれたというのに……。

そして、私は当然の現実に気づいた。うまくいかなかった主な原因は、コーチの側の問題ではなく、コーチングを受ける側の意欲の欠如にあった。この企業の幹部たちは、まだ学ぶ態勢ができていなかったのだ。

私の経験から言うと、人が学習する態勢になり、新しいスキルやアプローチを学ぶ意欲をもちやすいのは、次のようなケースだ。

- 未経験の役割に就くとき
- 手ごわい課題に取り組むとき
- 手痛い失敗や喪失を経験したばかりのとき
- 日常と異なる世界で目が開けるような経験をしたとき
- キャリアで次のレベルに進むためにどうすべきか途方に暮れているとき

これらはいずれも、台本なしで行動しなくてはならない状況だ。過去に経験のない局面に直面した人は、それまでの予想が裏切られ、ショックを受けて、死にもの狂いで行動しはじめる。研修と能力開発への投資は、このような局面に振り向ければいい。たとえば、以下のような戦略がある。

ⓐ**幹部向けコーチング**　幹部にコーチングをするときは、その人が学ぶ態勢にあるかどうかを確認しよう。リーダー全員に一斉に個別コーチングを受けさせたり、支援を望んでもいない人にコーチングをしたりするのはやめたほうがいい。

ⓑ**メンタリング**　メンターと教え子の組み合わせを決めるときは、肩書きや勤続年数よりもスキルを考慮しよう。教え子がいまどのようなスキルを必要としていて、そのスキルをだれがもっているかを見極めるのだ。半導体大手のインテルは、激しい競争に対応するためにメンタリングの仕組みを見直し、社内ネットワークを活用して州や国や地域の境界を越えた最適の「縁組み」をおこなうようにした。すると、新しいやり方が全社に浸透するまでの期間が大幅に短縮された。

ⓒ**新人研修**　新しいメンバーを空っぽの容器扱いし、そこに会社の情報を注ぎ込んで器を満たそうとするのはやめるべきだ。そうではなく、新しいメンバーがやってくるときはすでに満タンの資質をもっていて、会社に貢献できる状態にあると考えるのだ。イーベイは、大学新卒社員の新人研修を刷新することで強力なメッセージを打ち出した。それは、「遠慮せずに積極的に参加し、アイデアを披露してただちに貢献しよう」というメッセージだった。その結果、２０１３年採用組が最初の数カ月で提出した特許のアイデアは、ほかの社員全体より25％多く、正式な特許申請に結びついたアイデアの数もほかの社員全体を上回った。

ⓓ**研修プログラム**　研修は、スキルを教える場ではなく、現実の重要課題に取り組む場にしよう。現在の役職以上の大きな仕事を与えて、重要な貢献をする機会を用意し、すぐに問題解決に動く権

限を認めるのだ。そうすれば、生徒たちは迅速に学習し、ただちに成果を上げはじめるだろう。

▼行動❷ルーキーに発言権を与える

ルーキーは会社のいたるところにいるが、その力は十分活用されていない。経験が乏しいからと軽んじられ、まだ会社に貢献などできないと思われてしまう。しかし、ルーキーは会社のために有益な意見を述べることができる。必要なのは、その機会を与えることだ。

ルーキーが最も質が高く最も独創的なアイデアをもたらすのは、組織に加わって（あるいは新しい役職に就いて）最初の半年間だと思っていい。だから、ルーキーが既存のシステムにどっぷり浸かる前に、そのアイデアを引き出さなければならない。

ペイパルで上級マネジャーを務めたモイエド・ワヒドは、大学を卒業したばかりのマット・カスタノロを採用したとき、新人研修プログラムのメッセージを肝に銘じていた。すなわち、「新卒社員にはすぐに貢献の機会を与えよ」。

モイエドはさっそく、新製品のデザイン検討会議にマットを参加させた。ふつうは、もっと経験のある上級エンジニアだけが出席する会議だ。モイエドがある新製品のユーザーインターフェイスをプレゼンした。すでに大勢のメンバーが精査して絶賛していたものだった。ところが、マットはこう言った。「最悪です。1995年のデザインにしか見えません」。ぎょっとしたような沈黙が流れたが、次の瞬間、一斉に笑い声が上がった。実は、だれもがひどいデザインだと思っていながら、それを指摘することに腰が引けていたのだ。モイエドに促されるかたちで、ここからは、ほかのメンバーも意見を述べはじめた。もし、マットが仕事に慣れるのを待って、半年たってから会議に呼ばれていたら、もう沈黙することを学んでしまっていただろう。

ルーキーは、戦略プランニングでも大きな貢献ができる。とくに、組織の最下層レベルのルーキーたちが果たせる役割は無視できない。ビジネスの環境が変化し、戦略を転換しなくてはならないとき、最も優れたアイデアを述べられるのは、CEOやCFO（最高財務責任者）など、「C《シー》」レベルの幹部ではなく、現場のいわば「海面《シー》」レベルの人たちなのかもしれない。たいてい、出世の階段の最下層、組織のいちばん端にいる人こそ、社外の状況や競争環境の変化を最もよく理解している。戦略プランニングにルーキーや下級スタッフを加えれば、見慣れた古いアイデアの焼き直しではなく、新しいアイデアが湧き上がってくる可能性が増すはずだ。

▼行動❸ベテラン幹部がお手本を示す

組織全体をルーキー体質にしたければ、まず上からスタートし、上級幹部たちにもっとルーキー体験をさせるべきだ。上辺の言葉だけで導くのではなく、その言葉をみずから実践させるのである。私たちの調査によれば、最も高い成果を上げるルーキーは、新しい分野に挑むベテラン幹部だ。ベテランに未経験の課題を与えれば、ルーキー・スマートに点火できるとともに、その人が元々もっている知恵も引き出せる。ただし、上級リーダーたちが未経験の課題に挑むためには、背中を押してあげる必要がある場合も多い。

ドバイの高級ホテルグループ、ジュメイラ・ホテルズでは、サービスの質を改善するための特別チームをいくつか設置し、それぞれのチームがある賞に応募するよう命じた。同時に、下級幹部には自分のチームではなく、知識がほとんどない分野のチームを率いさせた。

最初、幹部たちは拒絶反応を見せた。専門外の分野でリーダーを務めるのは不安で当然だ。賞がかかっているのだから、なおさらだった。それでも、最終的にジュメイラは前例がないくらい多くの賞を獲得し、幹部たちを成長させることができた。幹部たちも、導くだけでなく、学ぶことを通じて、新しい知識とアイデアを獲得できたと感謝した。

上級リーダーたちは、ルーキーになることへの明確な許可も必要としている。だから、不安をいだき、学習し、弱さを見せてもいいのだと伝えることは重要だ。その結果、上級リーダーがルーキーの立場で仕事に臨めば、組織全体のムードにも好影響が出はじめる。本人が充実した学習をし、新鮮なアイデアを生み出すだけでなく、下級メンバーも触発できるからだ。それに、ルーキーの立場を経験したばかりの上級リーダーは、ルーキーの意見を押しつぶすケースも減る。

ニュアンス・コミュニケーションズ社のマーケティング担当副社長グレッグ・パルは、出張でニューヨークを訪れた際、何人かの部下と一緒にセントラルパークで朝のジョギングをした。そのとき、7キロ以上走った経験がなかったメアリー・アンという部下が11キロ以上を走り抜き、しかもまだ余裕が残っていた。できると思っていなかったことを達成した彼女は興奮していた。それを見たグレッグは、チームのメンバーに呼びかけた。「これからは、毎日、新しいことを達成してから1日を始めたらどうだろう?」

メンバーがみずからの予想を上回る結果を出しつづけ、成功に成功を重ねれば、次第に高い期待が伝染していく。そうなれば、リーダーはいちいち組織に「前向きさ」を注入する必要などなくなる。前向きな気持ちは、もはや空気中に浮遊することはない。それは、成功の積み重ねを通じて地面にしっかり根を張るはずだ。

前向きな姿勢が共有されている組織は、おのずと未来に向けて前進しはじめる。楽観的な精神で成長する彼らは、速いペースで前進し、無駄なことにエネルギーを割かない。そして、学習しつづけ、市場の激変に飲み込まれる側ではなく、激変を起こす側になれる。

対照的に、「すでに学習し終えた」組織、つまり過去に積み重ねた知識に依存する組織は、世界が変わるとたちまち現実に対応できなくなる。

【政策にもルーキー・スマートを注入する】

高成長→繁栄→衰退という変遷が最もはっきりあらわれるのは、国の興亡だ。国も企業と同じで、ハングリー精神をもって知恵を絞るときに興隆し、うぬぼれと無気力、無関心という悪材料が揃ったときに衰退する。しかし、国の衰退にはもっと目に見えにくい要因も影響している。変化の乏しい安易な道を歩みつづけることで、結果として衰退に陥る場合もあるのだ。

歴史家のエドワード・ギボンは、著書『ローマ帝国衰亡史』（岩波文庫・ちくま学芸文庫他）でこう書いている。「偉大な存在へと台頭する過程は、たとえ多くの困難と危険をともなうとしても、みずからの力を意識的に活用しようとする積極的な人を満足させられる。それに対し、王座についている状態は、大志をもつ人を長く満足させることができない」

▼先進国が直面していること

国が繁栄し、社会に富があふれ、生きることが容易になると、どうなるか？　その国の人々が、とくに経済的に恵まれた人たちが困難や試練に直面しなくなると、豊かさと繁栄を当たり前とみなす意識が広まりはじめ、挑戦者のハングリー精神やチャレンジ精神、すぐに行動しようという精神は、はけ口を失う。そして、足の引っ張り合いや狭量な政治対立が始まる。以前は生産的な活動に使われていたエネルギーが、無益なことにつぎ込まれるようになるのだ。

そのような社会では、次世代の若いリーダーのなかにも、受動的に社会正義に賛同するだけで満足する人が増えてくる。苦しんで険しい道を歩み、大きなことを成し遂げる人もいるが、オンライン上で「いいね！」を押すだけの人も多くなる。

コラムニストでメディア批評家のトム・シャレスはこう述べている。「衰退は、私たちが気づかないくらいゆっくり進んでいるのかもしれない。ローマ帝国の衰退もそうだった。ローマ帝国に、剣闘士と、キリスト教徒を食い殺そうと意欲満々のライオンがいたとすれば、いまの時代には（音楽専門ケーブルテレビチャンネルの）MTVがある」。つらい努力をしない世代は、規律と責任感が弱まり、自己評価も落ち込みかねない。今日の豊かな国が直面している大きな課題のひとつは、試練が不足していることなのかもしれない。

一方、途上国では、極度の貧困に苦しむ人の割合が減少してきた。1980年には52％だったのが、99年には34％、2010年には21％と推移し、その後も減りつづけている。日々を生き抜くための苦闘から解放された人は、ほかのことにエネルギーを使うようになる。

いま、途上国の多くの人はグローバル経済に参加する手段をもち、ハングリー精神に突き動かされて勤勉に努力している。固定観念にとらわれず、学習への意欲をもっている彼らの思考と行動は、ルーキー・モードそのものだ。MOOC（大規模公開オンライン講座）を通じて世界レベルの専門家の講義を受けたり、乏しい予算でアドリブの工夫を重ねてイノベーションを成し遂げたりしている人も多い。こうした聡明でハングリー精神のある新規参入者たちが、先進国の人たちから仕事を奪うとしても不思議でない。フランスの哲学者シャルル・ド・モンテスキューも述べている。「偉大なことを成し遂げるのは、冒険者だ。大帝国の君主ではない」

▼衰退を避ける方策

なぜ国は衰退するのか、その衰退は避けられないのかというテーマに関しては意見がわかれるだろうが、はっきり言えることがひとつだけある。それは、帝国を築くよりも、コミュニティを築くことのほうが重要だという点だ。

国の指導者は、経済政策と社会政策がもたらす結果をよく考え、教育モデルを進化させ、教育への投資を増やしつづけなくてはならない。また、私たちも、ビジネスの世界や非営利の世界によきリーダーを生み出す方法を問いつづける必要がある。

これらのテーマで私が知りたい問いはあまりに多く、答えを示せることはあまりに少ない。だが、私がとくに関心があるふたつのテーマについては、いくつか思うところを述べておきたい。

教育のあり方を構想し直す　子どもたちは、人口の20~30%を占めるにすぎないが、私たちの未来の100%を占めている。以前、企業内教育の仕事をしていた頃、私はいくつもの大学の諮問委員会に参加した。大学が私のような企業関係者に聞きたいのは、学生が仕事の世界に入っていけるようにするために、大学でなにを教えればいいのかという点だった。私に期待されていたのは、最新のプログラミング言語など、必要とおぼしきテクノロジー関連のスキルを列挙することだったのだろう。しかし、私はシンプルにこう答えた。「徹底的に考えること、そしてしっかりした土台を築くことを教えてください。それ以外は会社で教えられます」

会社にとっては、新入社員（や新しい業務に移る社員）が元々もっている知識やスキルにも価値はあるが、それ以上に価値があるのは、仕事をしながら身につけていく力だ。したがって、求められているのは、学びたいという意欲が強い学生、すなわち自分の頭で考え、問いを投げかけ、その答えを見いだして、情報の玉石を見わけられる学生を育てる教育システムだ。

現在の学校は、若者の創造性をはぐくむより、阻害している面のほうが大きいのではないか。実際、教育レベルが高い人ほど、好奇心が弱いことがわかっている。学校は好奇心を根絶やしにする場であってはならないし、うぬぼれをはぐくむ場であってもならない。よく指摘されるように、大半の学校は、知識を習得させるのは得意だが、ものごとを総合的に考えたり、学んだことを実地に適用したり、新しい考え方を実践したりする方法を教えるのは得意でない。

幸い、より深い学習を実現するためのイノベーションが続々と登場している。教室（や家庭）へのテクノロジーの導入が進めば、学習者が独力で探求と発見に取り組みやすくなり、一人ひとりが自分に合わせた学習もできるようになるだろう。すべての教育がその人だけの個人教育になるわけだ。また、MOOCの登場により、高速インターネット通信を利用できる人なら、世界中どこにいても世界屈指の研究者から学べるようになりつつある。

未来志向の学校や教師は、いわゆる「反転授業」も実践しはじめている。講義は生徒たちに前もって自宅で動画を視聴させ、教室での貴重な授業時間は最も価値の高い学習に費やす。このような教室は、生徒に情報を詰め込む工場ではなく、ラボのような場になる。生徒たちがクラスメートと一緒に、お互いの知識を組み合わせて新しい問題解決策を編み出すのだ。

だが、教育を活性化させるうえで最も難しいのは、新しいやり方を考案することではない。古いやり方を捨てることだ。教育分野のリーダーたちに時代遅れの教育モデルを背負わせたまま、新しい学習の方法を考案・実験させるのは無理がある。丸暗記や（生徒側と教師側双方の）不正を助長するようなテストなど、古い評価方法を捨てないかぎり、前には進めない。新しい教員の迎え入れ方も見直し、ベテラン教員が新人教員を訓練して評価すべきだという固定観念を再考しなければならない。ベテラン教師も「ルーキー」になり、教えるだけでなく学べるようにする必要がある。そして、優れたアイデアや有効な教え方は、ベテランかルーキーかに関係なく、きちんと評価しなくてはならない。

社会は、すべての子どもたちの力を切実に必要としている。質の高い教育を受けられる富裕層家庭の子どもの力だけではなく。アメリカの大学教育の「聖域」のひとつである縁故入学制度（エリート大学が卒業生の子どもを優先的に入学させる）も廃止すべきかもしれない。これまでの教育改革は、真の変化につながらないことに力を割きすぎてきた。勇気をもって方向転換をして未来と向き合うべきなのに、人々を古いやり方にしがみつかせてきた。

さまざまな面で教育に革命を起こしつつあるオンライン教育サービス、カーン・アカデミーの創始者サルマン・カーンはこう述べている。「本当に重要なのは、未来の世代が力をもち、生産性を高め、充実感を味わえること。そして、可能性をすべて開花させ、真の民主社会の一員として十分に責任を果たせるようにすることです」

ルーキーにリーダーシップを振るわせる

世界経済フォーラムは長年、「ヤング・グローバル・

リーダーズ」というフォーラムを設け、世界の国々で際立った活躍を見せている40歳未満の若いリーダーたちをメンバーに選んできた。これは、さまざまな立場の人が参加する、ほかに類のないコミュニティと言っていい。メンバーの数は、本書執筆時点で900人を超す。これらの若きリーダーたちは、世界をよくするために協働し、学習し、一致した行動をとる。

世界経済フォーラムは2011年、これとは別に20～30歳のリーダーたちを集めた「グローバル・シェイパーズ」というコミュニティも新設した。この新しいネットワークは、未来のリーダー層について大きな期待をいだかせる。メンバーは、世界経済フォーラムのイベントで若い世代の声を代弁し、平和を促進し、排除される人を減らすために、若者のエネルギーを注ぎ込む役割を担う。

このように、世界規模で活動するエリート組織の間で、若いリーダーの発言力を高めようという動きが目立つようになった。国連も、組織全体で若い世代の存在感を高めようとしている。たとえば、国連を若者に近づけ、若者を国連に近づけるために「国連青年総会」を設けた。また、2007年に南アフリカの黒人指導者ネルソン・マンデラによって創設された「エルダーズ（長老たち）」は、経験豊富なリーダーたちが独立した立場で参加し、平和と人権のために努力してきたが、12年には、議論を充実させるために4人のヤンガーズ（若者たち）をメンバーに加えた。

経済学者のダロン・アセモグル（マサチューセッツ工科大学）とジェイムズ・ロビンソン（ハーバード大学）は、著書『国家はなぜ衰退するのか』（ハヤカワ文庫）で、歴史的に見て、エリート層がいわば梯子をあげて、新規参入者が登ってくるのを妨げている社会では、経済が窒息死するという。健全な経済と活気ある社会を維持するには、現在のリーダーたちが梯子を下におろし、若いリーダーや多様なリーダーを対話に加える必要がある。企業や非営利団体はみな、第1章で取り上げたナイキの「ニュー・クルー」や世界経済フォーラムの「グローバル・シェイパーズ」のような試みを始めるべきだろう。ルーキーたちがリーダーの役割を担えば、新しい可能性に気づき、行き詰まりを打開できる。

2013年秋、アメリカで予算をめぐる党派対立が激化し、一部の政府機関が閉鎖される事態になったとき、突破口を見いだしたのは、立場やイデオロギーの違いを越えて問題解決に尽力した超党派の女性上院議員連合（ほとんどは新人議員）だった。既成の「エコー室」（第3章参照）の罠を打破するためには、新しい多様な声が必要なのだ。

私たちは、世界の難題に臆せずに立ち向かう新世代のリーダーを育てなければならない。多様な専門家の力を借り、全員の知識と能力を活用できるリーダーが求められている。ルーキーのリーダーと同じくらい、知恵とノウハウをもったベテランのリーダーも不可欠だ。大きな成果を上げたければ、アカペラコーラスのように、両者の声を調和させることを忘れてはならない。

世界を変えたい人には、いま世界がどのように動いているかを知っている人の力が必要なのだ。

【過去を置き去りにしよう！】

歴史上の偉大な発見はことごとく、開拓者精神の持ち主が既知の世界の外に踏み出すことから始まった。西部のフロンティアを探検したルイスとクラークの探検隊は、まずキャンプ・ウッドを離れなくてはならなかったし、南極にはじめて国旗を立てたノルウェーのロアルド・アムンゼンの探検隊は、その前にホエールズ湾の安全な船をあとにする必要があった。

職場と職業生活も同じだ。よく知っている世界の外に出ていくのは、快適ではない。どうしても、勝手のわかる居心地のいい場所にとどまりつづけたくなる。未知の世界の闇に足を踏み入れなくてはならないときは、抵抗してわめき散らすことさえある。

私の知人に、既存の知識と能力以上の課題でたびたび成功を収めてきた人がいる。その知人がこう打ち明けたことがある。「はじめての課題に取り組むとき、最初はいつも嫌だった。正直なところ、好き好んで始めたものはひとつもない」。幸い、周囲の賢明なリーダーたちが大丈夫だよと肩を叩き、新しい挑戦へと背中を押してくれた。本人も既知のものを手放し、居心地の悪いものを受け入れる勇気と賢さをもっていた。

部屋のなかにいては、新しい発見はできない。高速道路の上だけを走っていては、新しい土地は見つからない。新たな出会いを望むなら、踏み固められた道をはずれる勇気をもつべきだ。場合によっては、でこぼこの荒れ地に自動車を乗り入れたり、火の粉が降りかかる場所に身を置いたりしなくてはならないときもあるだろう。

非快適ゾーンに足を踏み入れれば、不安を感じるかもしれない。苦痛も高まってくる。それでも、勇気をもって冒険すれば、快適ゾーンが広がっていく。なぜか？　人は進歩するようにつくられている生き物だからだ。オーストリアの精神科医ヴィクトール・フランクルは、ナチスの強制収容所での体験に基づく著書『夜と霧』（みすず書房）でこう記している。「人が本当に必要としているのは、緊張のまったくない状態ではない。自分にふさわしい価値ある目標に向けてあがくことだ」。巡礼者のように困難を克服して前に進む、それは人間のとりわけ基本的な欲求のひとつなのだ。

不思議に思うかもしれないが、険しい坂道を苦しんで登っていくとき、人は幸せを感じる。人が最も喜びを感じ、最も生き生きとするのは、そうやって悪戦苦闘しているときだ。高級百貨店ニーマン・マーカスの経営者だった実業家スタンリー・マーカス・ジュニアも言っているように、「学習がもたらす刺激は、ほかのいかなる謎めいた若さの泉よりも人を若返らせる」のである。

私はこれまで多くの人に、「テレポーテーション」の勧めを説いてきた。脳内で、重要で難しい課題にはじめて挑戦した日々に戻ってみよう、と。すると、「またルーキーに戻りたい。あの感覚が大好きだ」と言う人が多い。私たちの調査によれば、人はものごとを完全に習得したあとではなく、難しいことを習得しようとしているときに最良の成果を上げる。それは、新しいことを学び、試練を克服する過程で、創造的なエネルギーを活用するからだ。人が絶頂の気分を味わえるのは、頂に立っているときより、頂に向けて登っているときだ。

しかし現実には、学びの山を登らず、キャリアの階段を登ろうとして閉塞感にさいなまれている人であふれている。私の友人も、企業の中級レベルの職で閉塞感を味わい、自分の能力を十分に発揮できていないと感じていた。そしてついに、もっと大きな試練に立ち向かう用意ができていることを上司に伝えるために、スライドつきのプレゼンをすることにした。プレゼンのタイトルは「監督、オレを使ってくれ！」だった。

彼のように、仕事がとても忙しいのに、その半面で退屈を感じている人は多い。やる気がないわけではない。自分の力を生かせない状況に辟易《へきえき》しているのだ。本当はもっと活躍できる。ただし、試合に出場しないことには始まらない。自分や会社に停滞の兆候が見えはじめたときは、ルーキーのように行動をすべきときなのかもしれない。もしかすると、チームのだれかが、現状よりふた回り大きな仕事に挑むべき時期に来ているのかもしれない。そのだれかは、ひょっとすると自分かもしれない。

ルーキー・スマートとは、特定の年齢層や経験レベルのことを言い換えた言葉ではない。それは、学んだことを捨てて新たに学び直すことをいとわない人の思考と行動のあり方を指す。そうした思考と行動のパターンをもつか否かは、あなたが自分で選べる。仕事の世界で変化が速まっている時代に、スピードを落として後れをとるか、歩みを速めて変化についていくかは、本人の選択次第だ。それはまた、停滞による緩慢な痛みを味わうか、それとも、過去に有効だったものを捨てて新たに学び直すために、一時的な痛みを味わうかという選択でもある。

半導体大手インテルの共同創業者ロバート・ノイスは、「歴史に邪魔されるな。過去を置き去りにして、素晴らしいことを成し遂げよ」と言っている。すべてのリーダーは、自分やチームの活動を、やり方がわかっているものに限定するのをもうやめよう。代わりに、ルーキーのように行動しよう。非快適ゾーンに足を踏み出そう。あなたも、本書に登場した人たちのように、ルーキー・スマートに火をつけてほしい。そして、いかに多くの可能性があるかに驚いてほしい。

これからの仕事の世界で成功するのは、つねに新しいことを学びつづける人だ。プライドの高すぎる人は、置いてきぼりを食らうだけだろう。

さあ、過去を置き去りにして、素晴らしい未来を生み出そう。

第8章のまとめ

リーダーも組織も、いつでもルーキー・スマートを活用できる。

《ルーキー活かす》はじめての課題に取り組む人が成功できるようにするためには、リーダーが以下の行動をとることが必要だ。

❶方向性を示したうえで自由を与える　活動できるスペースを与えると同時に、明確な方向を示す。達成すべき目標と、その目標が重要な理由を明示し、導いてくれる専門家と引き合わせる。

❷建設的な「ミニ試練」を与える　手ごわい課題を与える。ただし、手も足も出ない状況に追い込んではならない。適度な難しさの課題を与えて、すぐに貢献し、自信をはぐくめるようにする。

❸安全ネットつきの綱渡りをさせる　綱渡りのような試練を与えると同時に、落下した場合の安全ネットも用意する。

《効果的に組み合わせる》ルーキーの最も好ましい部分とベテランのノウハウを組み合わせる。たとえば以下のようなパターンがある。

❶「地面」と「火花」　ベテランは明確さと落ち着きのある、地に足のついた活動をし、ルーキーが新しいエネルギーと決意をもたらす。

❷「スカウト」と「新人タレント」　ベテランがルーキーの仕事に可能性を見いだし、後援者になる。

❸「アドバイザー」と「起業家」　世界の仕組みを熟知しているベテランが、世界を変えたいと思っているルーキーを導く。

❹「多様な天才たち」のチーム　ベテランとルーキーが互いの資質を認め合えば、両者の間の緊張の火花が目覚ましい成果を生む。

《チームや組織にルーキーらしさを取り戻す方法》

❶人材マネジメントのあり方を再考する　組織の敏捷さを維持し、建設的な試練を絶やさないよう、人材マネジメント戦略を見直す。

- 永遠のルーキーの４つの資質を基準に採用する。
- 人事異動では、あらゆる役割にルーキー的な要素をひとつ加え、人材のフレッシュさを保つよう意識する。昇進候補を検討する際は、未経験の課題で成功を収めた経験の有無に着目する。
- 研修と能力開発の投資は、メンバーが未経験の課題に取り組み、学習への意欲が最も高まる局面でおこなう。

❷ルーキーに発言権を与える　戦略プランニングと意思決定で新人の発言力を強める。とくに最初の半年間に積極的に発言させる。

❸ベテラン幹部がお手本を示す　上級幹部にも、「ルーキーになっていい」と明確に許可すれば、組織全体のムードに好影響が及ぶ。

付録

頭を整理し、理解を深めるために

付録A　調査の方法について

本書で紹介した「モード」「思考パターン」「行動パターン」は、2年間にわたる大規模な調査で明らかになったものである。きわめて有能なチームと一緒に調査ができたことは、私にとって幸いだった。メンバーの多くはこの種の調査が初体験だったが、それを楽しんでくれた。顔ぶれは以下のとおりだ（肩書きは本書執筆当時）。

ヒラリー・ベネディック　コロンビア大学法科大学院の大学院生。コロンビア大学卒業。

エリーゼ・カルーソ・フォスター　エグゼクティブコーチ。*The Multiplier Effect: Tapping the Genius Inside Our Schools* の共著者。バージニア工科大学、同大学大学院修士課程を修了。ハーバード大学教育学大学院で教育学修士号を取得。

ディーパ・クリシュナン・ダリワル　企業弁護士・事業開発担当幹部。プリンストン大学卒業。カリフォルニア大学ロサンゼルス校（ＵＣＬＡ）で法務博士号を取得。

ナディア・ラウリンチ　EU市民。元投資銀行勤務。現在は、ヨーロッパ各国で若い起業家の育成に携わっている。ペンシルベニア大学ウォートン校で学士号取得。

アレックス・ピーターソン　カリフォルニア州立大学ロングビーチ校卒業。ハーバード大学教育学大学院で教育学修士号を取得。

A・J・セクリスト　投資専門家。カリフォルニア大学ロサンゼルス校（UCLA）卒業。オックスフォード大学で修士号、スタンフォード大学ビジネススクールでMBAを取得。

調査のプロセスは、大きく3段階に分けられる。①質問項目と言葉の定義の決定、②実際の調査、③ルーキー・スマートという枠組みの確立、である。

第1段階――質問項目と言葉の定義の決定

【質問項目】

- 経験がお荷物になり、「知らない」ことが「知っている」ことよりも価値をもつのは、どういうときか？
- ルーキーがベテランを上回る成果を上げることを可能にするのは、どのような要因か？
- 成功を収めるルーキーがもっている主な特徴は、どのようなものか？

【言葉の定義】

経験がある人　年齢に関係なく、その種の仕事を過去に少なくとも一度は経験したことがある人
経験がない人　年齢に関係なく、その種の仕事をした経験がまったくない人

第2段階――実際の調査

構造化インタビュー　私たちはまず、さまざまな業種でマネジメント職に就いている50人以上に徹底したインタビュー（聞き取り調査）をすることから始めた。質問の内容や順番はすべて同じとし、具体的には、特定の仕事の経験がある人とない人がそれぞれどのように仕事に臨むかを尋ねた。両者とも聡明で有能な人物であることを前提とし、年齢は問わなかった。

手順は以下のとおり。
①同様の仕事をしているルーキーとベテランを選んでもらう。
②両者のおおよその経歴と主要な人格的特徴を挙げてもらう。
③両者がどのような行動をとっているか、あるいはとっていないかを説明してもらう。
④両者がいだいている固定観念と思考パターンを説明してもらう。
⑤その仕事に対する両者のパフォーマンスを評価してもらう。

マネジャーのアンケート調査　インタビュー調査による発見をもとに、ルーキーの重要な特徴の候補をリストアップし、それについて問うためのアンケート調査をした。回答者には、同様の仕事をしているルーキーとベテランを選び、60以上の行動と特徴に関してそれぞれを5点満点で採点してもらった。そし

てその結果を分析し、ベテランもしくはルーキーのいずれかと強く結びついている思考パターンと行動パターンを探した。また、プロジェクトの成功と、特定の特徴および思考パターンの相関関係も明らかにしようとした。

自己評価のアンケート調査　幅広い業種の200人以上に自己評価もしてもらった。回答者には、まったくはじめての仕事に取り組んだ（ルーキーだった）ときか、過去に何度も経験した状況に身を置いた（ベテランだった）ときのいずれかについて答えてもらった（どちらについて尋ねるかは、無作為に決めた）。私たちはそれをもとに、ルーキーとベテランが経験する重圧とモチベーションの要因を明らかにし、両者がどのように課題に取り組むかを見いだそうとした。

新しい試練に挑む時期に関するアンケート調査　どのような資質がルーキー的な思考パターンと相関関係があるかを知るために、987人を対象に二度目の自己評価調査を実施した。回答者には、さまざまなルーキー的性質の度合いと、仕事への満足度および仕事での有能度を自己評価してもらった。そしてそのデータを分析し、仕事の難しさと仕事への満足度、新たな試練への姿勢と仕事への満足度の相関関係を明らかにしようとした。

業種と地域を横断した現実を描き出すために、インタビュー調査とアンケート調査は世界規模でおこなった。それが可能だったのは、調査チームがもつ多様な人脈とソーシャルメディアのおかげである。調査の範囲は、北米、中米、ヨーロッパ、オーストラリア、インド、中華圏、中東にわたった。

第3段階——ルーキー・スマートという枠組みの確立

私たちは、9000点以上のデータから、さまざまなアプローチと仕事のパフォーマンスの相関関係を明らかにし、成功しているルーキーとベテラン、成功していないルーキーとベテランに特有の性質をあぶり出していった。そのうえで、成功するルーキーの資質（95％の信頼度で有意と言えるもの）をルーキー・スマートの4つの枠組み——「バックパッカー」「狩猟採集民」「ファイアウォーカー」「開拓者」——にまとめた（この4つをルーキー・スマートの「モード」と呼ぶことにした）。また、自己評価調査の結果を分析して、それぞれのモードに対応する思考パターンも探した。そして、特定できた思考パターンとモードを最初のインタビュー調査の結果と照らし合わせ、それが正確で有意義なものかを検証した。

重要な用語と概念

ルーキー　年齢に関係なく、あることにはじめて取り組む人（はじめて仕事の世界に入った人や、あるキャリアに踏み出したばかりの人、ある業務のプロセスやプロジェクトをはじめて経験する人など）。

ベテラン　年齢に関係なく、過去に経験がある仕事に取り組む人。

ルーキー・スマート　ものごとにはじめて取り組むときに特徴的な思考と行動。

思考パターン　特定の行動パターンを生む精神状態や固定観念。

行動パターン　ルーキーもしくはベテランのモードでよく見られる行動。

ルーキー・モード　ルーキー・スマートの持ち主が示す思考パターンと行動パターンの集合体。「バックパッカー」「狩猟採集民」「ファイアウォーカー」「開拓者」の４種類。

ベテランの快適ゾーン　経験豊富な人の思考と行動の傾向。「静止状態」のモード。

付録B　よくある質問

Q1　ルーキー・スマートとは、「初心」のことですか?

ルーキー・スマートという言葉は、「初心」(や「ビギナーズラック」)という言葉の一般的な意味より広いものです。禅の思想に由来する「初心」という言葉は、上級者であっても初心者のようにオープンに、熱心に、先入観なしに学習に取り組む姿勢を意味し、制約なき精神も重んじられます。これはルーキー・スマートの「バックパッカー」モードでも重要なものです。

でも、フレッシュな精神は最初の一歩にすぎません。知識やスキルが不足している状況での行動も、ルーキー・スマートの大事な要素だからです。人は知識やスキルの不足を埋めようという決意(ときには必死な思い)に突き動かされたとき、情報を集め、慎重に、しかし素早く動きます。そして、状況にアドリブで対処し、わからないことの多い状況で力強く前進して、新しい価値を生み出していくのです。

Q2　成功するルーキーは、4つのモードをすべて実践しているのでしょうか?

正確に言えば、成功するルーキーは4つのモードの多くを実践しています。この4つは、際立った成果を上げているルーキーたちのふるまいについてのデータを集約したものですが、本書の登場人物の多くがそうだったように、成功しているルーキーは、だいたい2つか3つのモードを同時に実践しています。そして、たいていは、そのうちのひとつのモードが強力、ないし支配的な力をもっています。4つすべてを実践している人もいますが、みんながそうなわけではありませんし、それが必須なわけでもありません。
多くのモードを実践しているに越したことはないでしょうが、4つをすべて実践していなくてもいいのです。

Q3 ルーキーの成功と失敗は、どのくらい個人の性質に左右されるものですか？

私はこの問いには厳密に（あるいは責任をもって）答えることができません。なぜなら、この点については調査していないからです。私たちの調査は、最も高い成果を上げているルーキーに共通する思考パターンと行動パターンを明らかにするのが目的であり、個人の性質の奥深い部分には踏み込んでいません。それでも、成功はいつであれ個人の性質に左右される面があることは間違いないでしょう。本書で取り上げた人の多くは、ルーキーとしての成功を増幅させるような性質をもっていた可能性が高いと言えそうです。
また、私は個人の性質自体を調べたわけではないですが、豊富な経験があってもルーキー・スマートを維持しやすい人に共通する資質はいくつか判明しています。その資質とは、本書でも紹介した、好奇心、謙虚さ、遊び心、計画性です。これらは、人の性質とはあまり言わないかもしれませんが、より深い場所にある性質を映し出すものだと思います。

Q4 ルーキーはつねにベテランより高い成果を上げるのですか？

そんなことはありません。たしかに、私たちの調査によれば、ルーキーは多くの局面でベテランと互角の成果を上げられるし、重要な局面でベテランを上回る成果を上げる場合も少なくありません。とくに①イノベーションが不可欠で（とりわけ現状を大きく揺さぶるテクノロジーが関わっている場合）、②問題解決の方法が複数あり、③短期間で成果を上げなくてはならず、④ひとりの人間が把握できないほど膨大で複雑な知識が必要なときは、ルーキーが成功することが多いとわかっています。

でも、その一方で、ルーキーが悲惨な結果をもたらすケースもしばしば見られます。状況によっては、リスクがあまりに大きかったり、一度のミスが命とりになったりすることもあります。また、状況と関係なく、ルーキーがベテランと同じように「目隠し」で覆われている場合も、大惨事を招く危険があります。

北朝鮮の若き指導者も、このパターンに当てはまるかもしれませんね。朝鮮戦争の打撃から国を再興した祖父・金日成と肩を並べなくてはならないという重圧を感じている金正恩は、自分の実力を証明する必要性を強く感じているのでしょう。ヨーロッパで教育を受けた経験をもち、欧米企業やスポーツ界のセレブたちに門戸を開放しようとした半面、祖父や父と同じことを機械的に続けているように見えるときもあるのは、おそらく、親の代から引き継いだ古い「目隠し」を多くもっているからだと思います。

Q5 ルーキー・スマートを育成・維持する能力に、男女差はありますか？

ルーキー・スマートの持ち主は、男性にも女性にもいます。けれども私たちの調査によれば、女性は男性に比べて、既存の実力以上の課題に取り組むことに慎重な人が多いようです。「身の丈よりふた回り大きい」仕事に挑戦する人の割合は、女性のほうが12％少ないのです。その半面、組織で自分より地位の低い人から学ぶ意思は、女性のほうが強いことがわかっています。そうした謙虚さでは、女性が男性を12％上回りました。また、女性のほうが男性より計画性が高いこともわかっています。以上の点をまとめると、女性は、ルーキー的な役割に踏み出すには大きな後押しが必要ですが、いったんそのような役割に就けば、おのずとルーキー・スマートを発揮しやすいと言えそうです。

Q6 若く、働きはじめたばかりでないと、ルーキーにはなれないのでしょうか？

ルーキーには何歳でもなれます。本書で言うルーキーとは、その種の仕事をはじめて経験する人のことですから。ある人がルーキーかどうかは、年齢ではなく状況によって決まるのです。イーロン・マスクは、宇宙開発ベンチャー企業のスペースXを設立したとき、経験豊富な起業家ではありましたが、宇宙ビジネスではルーキーでした。野球経験をもっていないのに大リーグの球団を買収したマジック・ジョンソンも、再びルーキーになることを選んだと言えます。

このように、厳密な意味での「新人」でない人も、年齢に関係なく、ルーキー・スマートをもって行動できるのです。繰り返し述べているように、ルーキー・スマートとは、ある精神の状態と、その状態から自然に生まれる行動パターンのことを言います。人はそうした思考と行動のパターンをもてば、はじめてのときのように仕事に臨めます。つまり、ルーキー・スマートとは、その人がどういう姿勢でものごとに臨むかに左右されるものなのです。

Q7 ルーキー・スマートの持ち主を採用したい場合は、採用選考でなにに注目すべきですか？

8章でもふれましたが、まずは、永遠のルーキーの資質（好奇心、謙虚さ、遊び心、計画性）をもっている人を選ぶことが大切です。そして、その人が会社に加わったら、ルーキー・スマート的な行動（質の高い質問をすること、ほかの人の話に耳を傾けること、ものごとの関連性を見いだすこと、実験すること、アドリブで行動することなど）をコーチするのです。採用選考時の行動観察面接でも、これらの資質や行動をチェックするといいでしょう。

Q8 ルーキー・スマートは、学べば身につくものですか？

ほとんどの人について、そしてルーキー・スマートのほとんどの資質と行動に関して、答えはイエスです。でも、もともと有利な人がいることも事実です。天性の強みをもっている人や、有利な状況に身を置いている人がいるのです。この点はスポーツの能力に似ていますね。

たとえば、第4章で紹介したジギー・アンサ。NFLのデトロイト・ライオンズのディフェンシブバックです。身長198センチ、体重122キロという体形のアンサは、175センチ、80キロの選手に比べて天性の強みをもっています。これに対して、小柄な選手がアメフトで成功するためには、大半の選手よりも努力しなくてはなりません。もっとも、天性の強みを欠く小柄な選手が、素晴らしいコーチや強力なチームメートのコミュニティ、卓越したトレーニング環境など、有利な状況に恵まれる場合もあります。

ルーキー・スマートに関しても、天性の強みをもっている人がいます。永遠のルーキーの資質（好奇心、謙虚さ、遊び心、計画性）を備えている人たちです。また、コーチに恵まれたり、適切な行動（さまざまなアイデアを模索したり、情報を求めたり、素早く動いたり、アドリブで行動したり）を練習する機会に恵まれたりするなど、状況面の強みをもつ人もいるでしょう。

自分にはどちらの強みもない？　それでも心配はいりません。ルーキー・スマートの資質や行動パターンは、学習することで身につけられるものだからです。より多くの努力は必要とされるかもしれませんが、状況面の強みを手にするよう工夫しましょう。つまり、なじみのない、もっと言えば不快な環境にあえて身を置くのです。そうすれば、否応なくルーキーのように思考し、行動せざるをえなくなります。どちらの方法でも、ルーキー・スマートははぐくめます。

Q9 自分自身は「資質不足」の仕事をするつもりがあるのに、職場の上司や企業の採用担当者が受け入れてくれない場合は、どうすればいいですか？

上司が前向きでない場合は、言ってみれば、招待状を待たずにパーティー会場に行ってしまえばいいのです（ただし、みんなに提供できるものをもっていくことを忘れずに！）。みずから率先して、いまの職務範囲外の職務を担うことから始めてみましょう。上司に、なにか任せてもらえる仕事はないかと尋ねてみてください。最初は小さなことから始めて、そこから徐々に実力を証明していきましょう。あなたが既存の実力以上の課題に挑む意志をはっきり見せ、自分の限界を認め、コーチングを歓迎する姿勢を示せば、それでも拒む上司は多くないと思いますよ。万が一、受け入れてくれなければ、ルーキー・モードに入ることの利点を話し合うのもいいでしょう。実力以上の未知の課題に取り組むときに最も大きな成果を上げる人が多い理由を説明し、本書の土台を成す調査結果を伝えてみてください。付録Eの「グループ討論を活性化させるための手引き」も参考になるでしょう。それでも上司の考えが変わらないなら、新しい課題を探すだけでなく、新しい上司を探したほうがいいかもしれません。

あなたがいま職探しをしていて、企業の採用担当者が最も「資質の高い」人物を採用する方針でいる場合は、ルーキー・スマートの価値を説明しましょう。適度に手ごわい課題に挑めば、ほかの人たちと協働しながら、身軽に素早く行動できる可能性が高く、慎重で迅速な行動を通じて実力を発揮し、チームのために成果を上げられると伝えるのです。

あなたが豊富なキャリアをもっていて、いつも「十分すぎるくらいの資質」をもっていると言われているなら、どのような職に就くかを考え直したほうがいいと思います。十分な経験がある仕事を選ぶのではなく、あえて方向転換し、これまでの経験を携えて新しい方向に足を踏み出してはどうでしょう。経験豊富な専門職としてではなく、ルーキーとして自分を売り込むのです。フレッシュなルーキー・スマートとベテランとしてのノウハウをうまく組み合わせられれば、さらに好ましいですね。ルーキーとして成功を収めた経験をいくつか示せれば、採用担当者もあなたが新しい職で成功する姿を思い描けるはずです。

Q10 自分が停滞期に入り、未知の課題に取り組んでルーキーへの回帰を目指す必要がある場合、どうすればそれがわかりますか？

第7章のチェックリストに挙げた兆候にひとつでも当てはまる人は、ルーキー時代に回帰したほうがいいでしょう。本書のウェブサイト（www.RookieSmarts.com/quiz）の質問（英語）に答えて、自分の状況をチェックしてみる手もあります。また、前回大きな試練に直面したときを振り返るのも有効です。大ざっぱな経験則としては、いま歯ごたえのある課題に挑んでおらず、前回苦闘したのがいつだったか思い出せないとすれば、あなたは未経験の課題を探すべき時期にきています。私たちが約1000人を調査した結果では、ほとんどの人で3カ月に1回、新しい課題に挑む態勢が整うことがわかっています。かならずしも転職すべきだというわけではありません。新しい課題に取り組めばいいのです。

あなたがリーダーなら、チーム内に燃え尽きや減速の兆候がないか目を光らせましょう。その兆候があれば、メンバーがルーキーの状態でありつづけられるように、新しい試練を与えるべきです。

Q11 どこから始めればいいでしょう?

大げさに考える必要はありません。本書で繰り返し述べたように、ちょっとしたことからスタートさせて、ひとつずつ成功を重ねていきましょう。企業の組織変革にせよ、個人の自己改善にせよ、大半の取り組みは、最初こそ威勢がいいものの、たいてい尻すぼみで終わります。次ページの図の「打ち上げ失敗」は、そのことを示しています。

ですから、いきなり大きく始めてはいけません。小さな勝利を積み重ねて上昇のうねりを生み出し、「成功のサイクル」をつくり出すことを目指しましょう。ちなみに、本書で紹介した具体策はすべて、小規模で実行可能なステップになるように考えてあります。

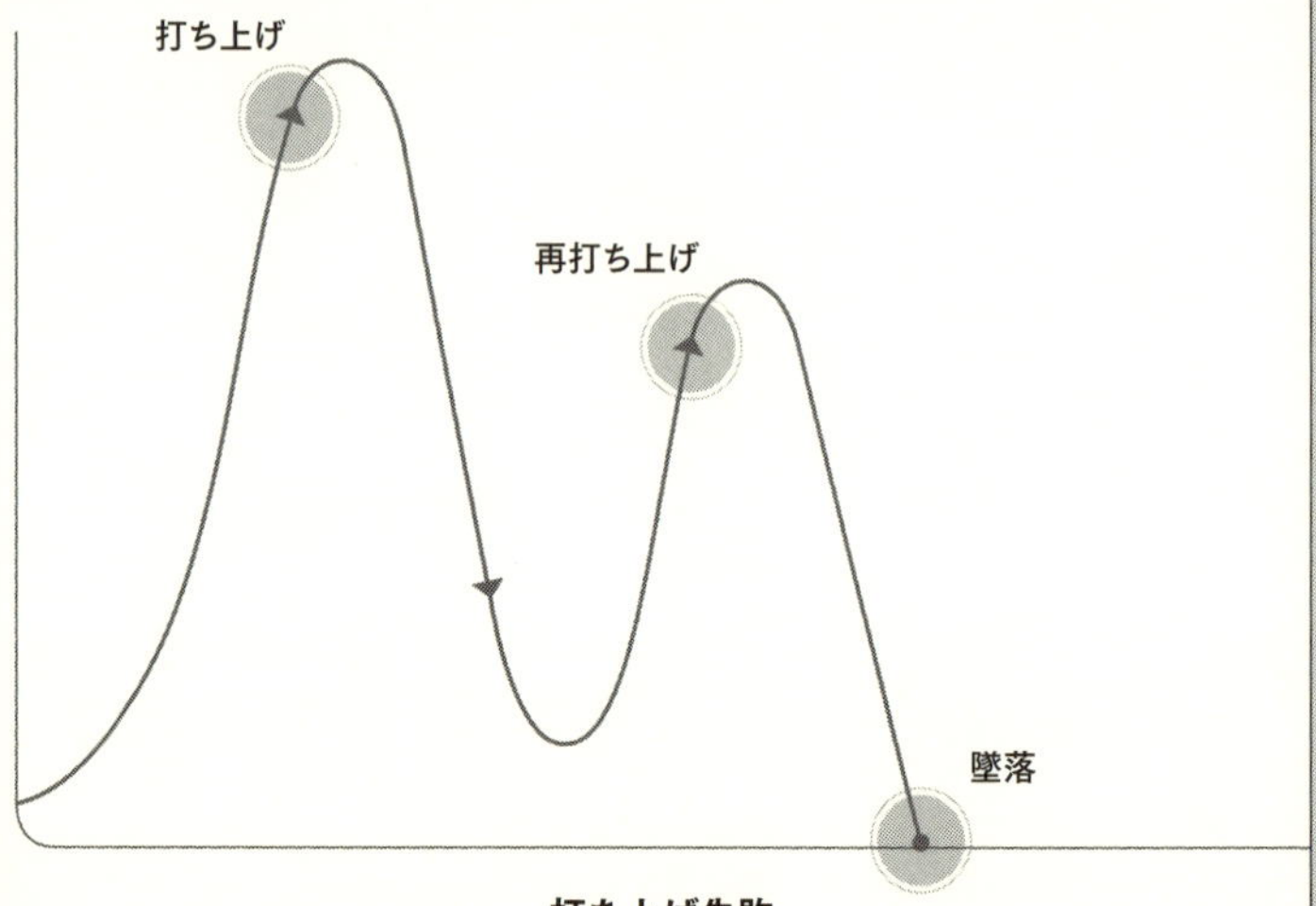

打ち上げ失敗

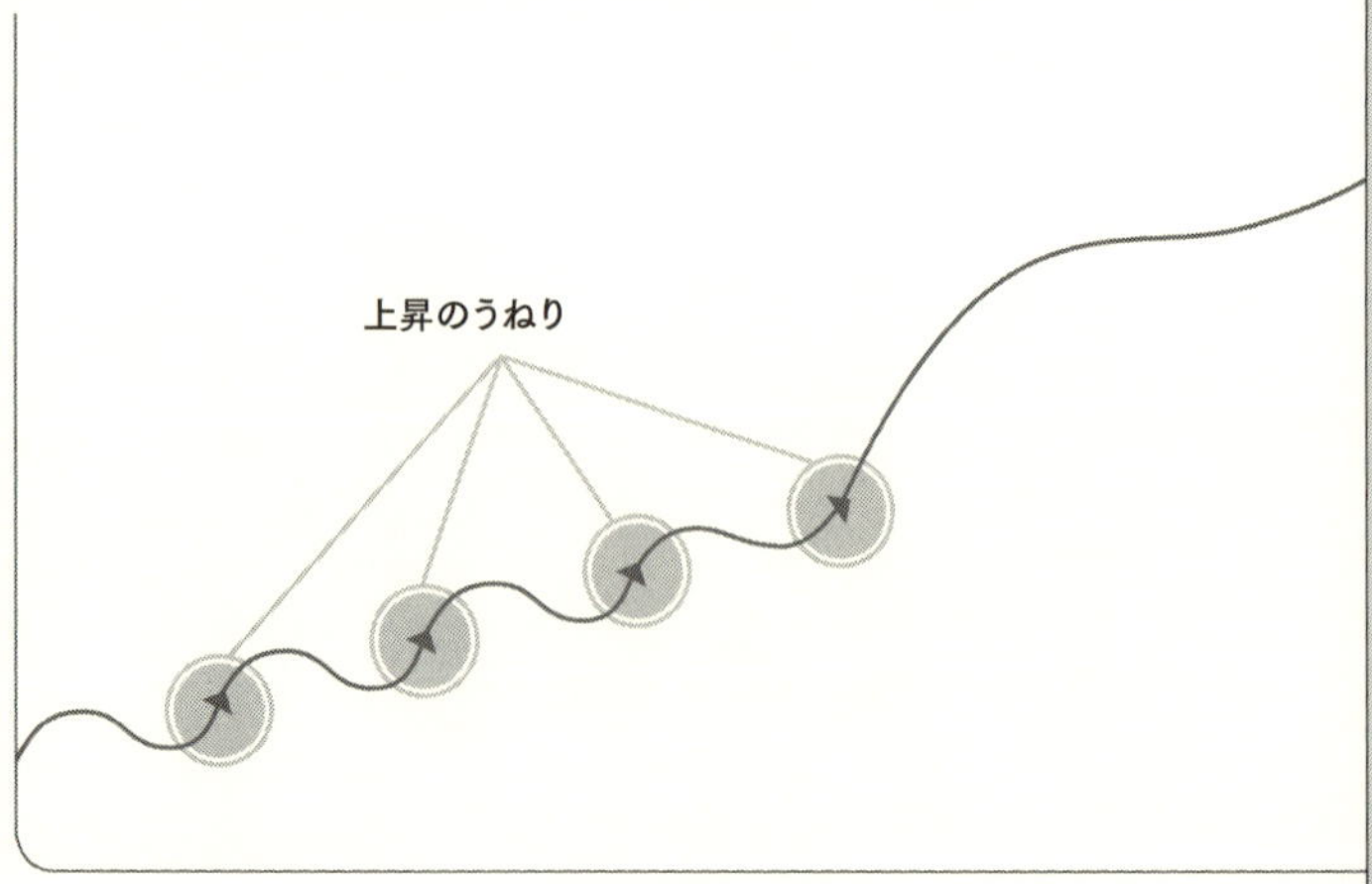

成功のサイクル

Q12 キャリアの中盤に差しかかれば、仕事を理解しているものと期待されるようになります。そういう立場の人間が好奇心と情熱を発揮しつつ、間抜けだとか、世間知らずで無知だとか思われないためには、どうすればいいですか？

リスクをともなう行動をとるときは、かならず安全ネットを用意しましょう。たとえば、なにかを試すときは、友好的なグループや、自分が信頼されている場など、安全な環境でおこなう。あるいは、「これは試験的にやっているのです」という意図をはっきり表明すれば、それも安全ネットになります。会議や仕事で、あえて「ルーキー役」を演じるのだと周囲に伝えるのもいいですね。

Q13 過去2冊の著書があるあなたは、この本をルーキー著者として書いたのですか、それともベテラン著者として書いたのですか？

ご指摘のとおり、2冊の著書がある私は、ついベテランの快適ゾーンに引き寄せられます。過去に成功したことを繰り返したくなるのです。でも、そんなベテランの思考でルーキーの思考パターンに関する本を書くのはあまりに皮肉ですし、不誠実と言われても仕方がありません。その点は痛いほどよくわかっていましたから、ベテランの「知っている」モードと、ルーキーの学習モードの間を行き来しながら執筆するよう努めました。でもそれは、超高速のタンゴを踊るような難しい経験でした。

執筆過程で私自身がルーキーの思考パターンを実践するには、意識的な努力が必要でした。そこで、本書で提案した手法の多くを自分でも試してみました。最初の本を書いたときのことを思い出し、そのときと同じように行動するよう自分に強いてみたり、過去を消去し、ルーキー・スマートについて説明するために、前著の概念を利用したいという誘惑を振り払ったり……。

否定的なフィードバックを受ける機会も意識的につくりました。最初の本のときは、好意的なフィードバックを受けて、自分が正しい方向に歩んでいると安心したいという思いが強かったのですが、今回は、早い段階で批判してもらいたいという方針をはっきりさせ、ふつうより厳しく批判してほしいとまわりの人たちに頼みました。たとえば、リサーチアシスタントのヒラリー・ベネディックには、勢いがなく退屈な記述をすべて指摘してほしいと言いました（ヒラリーはこれを、「なんにでもケチをつける」仕事と言っていました）。

もっとも、状況が私をルーキー・モードに引き戻してくれることが多かったのも事実です。本書のテーマについては、私も正真正銘のルーキーでしたから。この本では、たっぷり経験をもっている分野ではなく、問いは山ほどもっているけれど、答えはほとんどわかっていないテーマに取り組みました。そうやってフロンティアに足を踏み出し、わからないことだらけの状況で前に進み、次第に視界がはっきりしてくるプロセスは、本当に楽しい経験でした。

ベテランとルーキーの両方のモードを実践し、本書で紹介した方法をみずから試しながら進めた執筆作業を終えて、いま私は、みなさんが自分自身の旅路を歩むのに役立つ道具を提供できていることを心から願っているところです。

付録C　学習の実験

本書で紹介した「ルーキー・スマートをはぐくむための具体策」をここで一覧にしておく。もう一度目を通して、実行にはずみをつけてほしい。

バックパッカーとしての試み

①素朴な問いかけをする　利害関係者の意見を聞くときは、どんどん質問を投げかけよう。ものごとの核心を突き、目的やニーズの根本を明らかにするような問い、要するに、ルーキーがよくするような質問を投げかけること。ルーキーに相談して質問を考えてもらうのもひとつの方法だ。

②過去をすべて「消去」する　仕事を一定の期間単位に区切り、その期間が終わるたびに、達成具合をチェックしよう。そしてそのあと、過去をすべて「消去」する。過去の実績というお荷物を降ろし、新しいスタートを切るために。

③「モンキー・トラップ」を抜け出す　サルは、檻のなかのバナナを見つけると、それを取ろうとして檻の口からなかに手を突っ込む。しかしその口は、手を入れるには十分な大きさでも、バナナをもって手を引き出すには小さすぎる。だから、バナナを握りしめたまま動けなくなってしまう。バナナを放して手を引っ込めれば簡単に逃げられるのに、そうしないのだ。あなたは、こんな罠《トラップ》にとらわれてはいけない。もっているものをすべて手放せとはいわない。たとえば、「もし心配しなくてはならない部下がひとりもいなければ」「もし肩書きがなにもなければ」どう行動するかを考えてみるといいだろう。

狩猟採集民としての試み

①ルーキーだった頃の自分を思い出す　はじめて仕事に就いた頃に立ち戻り、そのとき感じたこと、したことを思い出そう。そうやって発見したことを、自分をルーキーのように刷新したり、ルーキーを活躍させたりするために活かそう。

②専門家のアドバイスを求め、専門家のネットワークを築く　今度、なにかの課題に取り組むときは、まず、その道のスペシャリスト（少なくとも5人）に質問し、そこで得た新しい専門知識をもとに問題解決に乗り出そう。新しいパターンを見いだせるまで質問しつづけることが大切。

③部下にメンタリングをしてもらう　いつも自分が教える側に回るのではなく、自分より若く、経験も少ない人にメンタリングを依頼する。新しいアプローチやテクノロジーについて教わり、顧客や従業員の実際について話を聞こう。

④見知らぬ人と話す　情報のフィルターを取り除き、自分とは違う考え方にふれてみよう。いつもはリベラル寄りの新聞を読んでいる人は、大企業寄りの新聞を読んでみるといい。こうすることで、思考の幅を広げ、ネットワークも広げられる。

⑤地図をつくる　頭を冷やし、見知らぬ土地を訪れたつもりになって、自分をとりまく世界の地図をつくろう。あなたの組織のプレーヤーはだれだろう？　ゲームのルールはどうなっているだろう？　この文化では、なにが重んじられているだろう？　だれと連携できるだろう？　顧客はどこにいるだろう？　行き詰まったときに助けてくれるスペシャリストはだれだろう？

⑥期間限定でだれかと仕事を交換する　自分と専門分野が隣接する同僚を見つけ、1日〜2週間程度、仕事を交換してみよう。新しい発見をし、ルーキーの尋ねるような素朴な疑問をもつのが目的。

ファイアウォーカーとしての試み

①リスクを恐れないように、実験の場を決める　自分の仕事を「失敗が許されない仕事」と「失敗しても挽回できる仕事」に分類して、後者をあなたの遊び場にしよう。その領域でリスクをともなうプロジェクトを見つけ、小さな行動を重ねていく。成果が上がるまでこれを続けよう。

②現場で手を真っ黒にする　顧客や利害関係者、部下のニーズがいちばんよくわかるのは、現場の最前線だ。実際に石炭が掘り出されている炭坑の最前線で働く人のように、あなたも手を真っ黒にするつもりで現場に身を置こう。そうやって、情報とフィードバックを得よう。

開拓者としての試み

①自分をあえて「資質不足」にする　きわめて手ごわい仕事をしているときに、最も大きな成功を収めることは多い。だから、あえて快適ゾーンの外に出て、自分の強みが通用しない領域に乗り込もう。引き返したいという誘惑を感じたら、快適でない世界で前進するしかない状態に自分を追い込んでしまおう。

②「半分エキスパート」になる　エキスパートになるのは簡単ではないが、その道のエキスパートに話を聞き、教えを乞えば、ある程度のところまでは比較的短時間で到達できる。役づくりをする俳優や取材をするジャーナリストになったつもりで、新しい分野について貪欲に学ぼう。

③つねに自分を問題に縛りつける　コンサルタントのジェフリー・ムーアは、思考の鮮度を保つために、コンサルティングをするときは、自分の知っていることだけ話すのではなく、顧客の抱えている問題に自分を縛りつけるように心がけているという。問題解決に心血を注ぎ、それに引っ張られる形で未知の世界に誘われるのを期待しているのだ。あなたも、これまで有効だったモデルや理論に頼らず、頭を使って考え抜き、顧客と協働しながら解決策を見いだそう。教えるだけでなく学ばなくては！　ジェフリーの言葉を思い出そう。「問題からけっして手を放さない。息を止め、その問題が自分を水の中に引きずり込むのを待つ。そうすることで、毎日まったく新しい経験ができる」

永遠のルーキーとしての試み

①クビになるように行動する　あれこれ考えすぎず、直感的に正しいと感じることをやってみよう。「クビになるように行動する」のが怖ければ、「つもり」になって行動するだけでも効果はある。自分にこう問いかけよう。「もし職を失うことを恐れずに済むとしたら、なにをしたい？」。そのアイデアに対する組織内の支持を築き、安全ネットを確保したうえで、綱渡りの綱の上に足を踏み出せばいい。

②アンチョコを捨てる　経営学者の故C・K・プラハラードは毎学期、大学の講義ノートを捨てていた。大切な講義ノートがゴミ箱に捨てられているのを見て驚いた妻に、彼は言った。「学生たちは、私の最高で最新の思考について講義を受ける権利があるんだ」。あなたも、アンチョコやひな型を捨てよう。そうすれば、思考を刷新できる。

③アマチュアと仕事をする　新人と一緒に仕事をし、ルーキーがどのように仕事をし、どのように遊ぶかをよく観察しよう。もし、あなたがグループや組織のリーダーで行き詰まりを感じているなら、末端にいる人や新人と話すことで活路を見出せるかもしれない。アマチュアたちのアイデアに影響され、その旺盛な活力に刺激を受けるだろう。

ルーキー回帰のための試み

①「知らないこと」リストをつくる　自分が知らないことで、知っておくべきだと思うことを書き出そう。

②「知らない」と公表する　わかっているふりをせずに、「どうすべきか途方に暮れている」とまわりの人に公表しよう（ただし、学ぼうとしていることも忘れずに伝えよう）。

③思い込みを捨てる　自分がいだいている主要な思い込みをリストアップし、それをくつがえすデータがないか探してみる。そして、現実に合わない思い込みは捨てよう。

④フロンティアとの境界に身を置く　やり方を知っていることと知らないこととの境界に臨もう（仕事を辞める必要まではない）。

付録D　本書に登場した永遠のルーキーたち

以下は、本書で紹介した永遠のルーキーたちのリストである。複数の章で登場する人物は、最も大きく取り上げている章に挙げた。

第1章

マジック・ジョンソン	バスケットボール選手
ジーナ・ウォレン	ナイキのダイバーシティ担当副社長
ジム・ディレーニー	シソモスのCOO、のちにCEO

第2章

ステファニー・ディマルコ	アドベント・ソフトウェアの共同創業者
ハラ・ケファリドウ	ギリシャの国会議員
ブライアン・シオフィ	コンバースのイノベーション責任者

ブライアン・シュラム　サンドロップ・フューエルズの共同創業者
ナヴィ・ラジュ　フォレスター・リサーチの元リサーチャー
エリザベス・ギルバート　『食べて、祈って、恋をして』の著者

第3章

ジャン・マーシュ　教師
アン・レッツェリッチ　リーダーシップ開発アドバイザー
ディロン・リー　BTSのコンサルタント
サリル・パレク　キャップジェミニのエンジニアリング・マネジャー
サウム・メイサー　ヒューレット・パッカードのソフトウェア部門最高情報責任者（CIO）

第4章

マーク・カージス　イーベイの最高技術責任者（CTO）、元エンジニア
マイケル・ジュニア　コメディアン
イジキール・アンサ　アメリカンフットボール選手

第5章

サラ・ブレークリー　スパンクスの創業者兼CEO
ヘンリク・エーケルンド　BTSの創業者兼CEO
ジェーン・チェン　「エンブレース・インキュベーター」の発明者
マーク・ザッカーバーグ　フェイスブックの創業者兼CEO

第6章

ボブ・ハーレー	ハーレー・インターナショナルの創業者兼CEO
アニー・リーボヴィッツ	写真家
ピーター・ドラッカー	著述家、経営コンサルタント
イーロン・マスク	起業家、ペイパルなどの創業者
モイエド・ワヒド	ペイパルの上級エンジニアリングマネジャー
ポール・エルデシュ	数学者
ホランダー医師	内科医
アンドリュー・スタントン	ピクサーの脚本家兼監督
C・K・プラハラード	大学教授（経営学）
セルジオ・マルキオーネ	クライスラーのCEO

第7章

キャンディド・カメロ	ジャズ・パーカッショニスト
ジム・コリンズ	経営思想家
ジム・ハーボー	NFLのサンフランシスコ・フォーティナイナーズのヘッドコーチ
スー・ウォーンキ	セールスフォース・ドットコムの文書化ツール部門責任者
ジャンポール・コノック	セールスフォース・ドットコムのテクニカルライター
ガブリエラ・マセリ	心理学者。グルポ・エンテロのコーチング担当

マルテ・ホルム	グルポ・エンテロのイノベーション部門責任者
ドン・クラフト	ウィンドホース財団の創設者
フランソワ・トリュフォー	映画監督
ジョン・ドナヒュー	イーベイのCEO
ポール・マッカートニー	ミュージシャン

第8章

ピーター・ハドソン	コンバースのデザイン・イノベーション担当副社長
バーカッド・アブディ	映画『キャプテン・フィリップス』の助演俳優
ハリー・ウィーズ	建築家
マヤ・リン	ベトナム退役軍人記念碑の設計者
ポール・デイヴィーズ	物理学者。国立癌研究所（NCI）の主任調査官

付録E　グループ討論を活性化させるための手引き

本書の内容についてグループで議論するなら、その出発点としてこの「手引き」が役に立つだろう。以下の問いや課題は、読書会や職場のグループで意見交換し、問題点を浮かび上がらせ、新しい可能性を模索することを後押しするためのものだ。

議論の火種を起こす

まず、ウォームアップとして、参加者に本書の重要なアイデアやそこから学んだことを要約してもらう。次に、議論の雰囲気を方向づけるために、自分がルーキーだった頃を思い出してもらう。具体的には、一人ひとりに、ルーキー時代、つまり重要な仕事にはじめて臨んだときのことを思い出させる。そのあと、ルーキーのとき、どのように行動していたかを思い出させるために、以下の問いに答えてもらう。

●ほかの人に見えていなかったことで、あなたに見えていたことは?
●専門知識や手引きが必要なときは、だれに助けを求めていた?
●素早く学習するために、なにをしていた?
●どうやって、自分の実力を証明していた?
●どうやって、ものごとにアドリブで対応していた?

議論に火をつける

議論の雰囲気が定まり、参加者のルーキー精神が呼び起されたら、一人ひとりの思考を刺激する問いを投げかけよう。以下に挙げた問いと、あなた独自の問いを組み合わせるといいだろう。ルーキー・スマートという考え方一般を議論するときは、第1章と第6〜8章の問いに絞ればいい。章ごとに議論するなら、第2〜5章の問いも用いればいい。質問を参加者に前もって渡しておくと、みんなが活発に議論に参加できるだろう。

第1章

●なにかにはじめて取り組んだときに、最も高いパフォーマンスを発揮できることがあるのは、なぜだと思うか?
●ルーキーとして行動している素晴らしい人物として、だれが思い浮かぶか?

●ルーキーとして取り組む課題は、どうして手ごわく感じると同時に、やりがいも感じるのか？
●本書の調査結果のなかで、いちばん驚いたものはどれか？　その理由は？
●ルーキー的に活動するなら、どのような環境がいいか？　一方、ベテランの知恵とノウハウに頼る必要があるのは、どのような環境か？
●あなたの組織の使命を果たすうえで、ルーキーはどのような面で活躍できそうか？
●あなたの組織で人を「ベテランの快適ゾーン」（管理人、現地旅行ガイド、マラソンランナー、定住者）に引き寄せる要因はなにか？　それに抗うために、どうすればいいか？

第2章

●私たちにさまざまなお荷物を背負わせ、持論にこだわらせる要因はなにか？
●どうすれば制約を取り払い、新しいアイデアを探索し、イノベーションを実行できるか？
●本質を突く素朴な問い——たいていの人が頭のなかで思っていても、口に出せないような問い——を発することを妨げているものはなにか？
●フレッシュな状態で再出発するために「過去を消去」するにはどうすればいいか？

第3章

●どうして、人はいわば「エコー室」に閉じこもり、自分の考えを支持する意見ばかり聞き、既存のやり方を正当化する情報ばかり受け取ってしまうのか？
●どうすれば、エコー室から脱出できるか？
●重要な問題でエコー室が人の耳を閉ざしてしまうのは、どういうときか？

●トップダウンだけでなく、ボトムアップのメンタリングも実現するには、どうすればいいか？

●ルーキーからメンタリングを受けるとして、なにを学びたいか？　ベテランにメンタリングをするとして、なにを教えたいか？

第4章

●自分に全般的な自信があることと、特定の局面で自信があることの違いは、どこにあるのか？　どうして、目の前の局面に関して自信がないことが有益なのか？

●安定したペースで行動することが危険を生む場合があるのは、なぜか？

●どうして、ベテランは最も必要な類いのフィードバックを得づらいのか？　それを得るためには、どうすればいいか？

●どうすれば、人々が実験し、新しいアイデアを素早く試せる場をつくれるのか？

第5章

●安定した土台や方法は、個人やチームにどのような恩恵をもたらすか？

●安定した土台や方法は、なぜ、どのように、イノベーションを妨げるのか？

●真に成功を渇望している人物や組織には、どのような特徴があるか？

●現状が快適になりすぎて、そこから抜け出すためにフロンティアへと背中を押される必要があるのは、どういうときか？

第6章

●あなたが現在の役割で刺激的な探検に乗り出すとすれば、具体的にどのような行動になるか？

●あなたが知っている「永遠のルーキー」(経験と実績がありながら、ルーキーの思考パターンをもちつづけている人)はだれか? その人物は、なにに突き動かされているのか? どうやってその性質を維持しているのか? どうすれば、ほかの人たちが同様の性質をはぐくめるのか?

●知的好奇心の強い人や謙虚な人には、どのような特徴があるか?

●あなた自身が仕事に対して若々しい姿勢を保つためには、どうすればいいと思うか?

第7章

●ルーキー・スマートを失った人には、どのような症状があらわれるか?

●あなたが「知っている」モードから、「学んでいる」モードに移行するためには、どうすればいいと思うか?

●ほかの人がルーキー的な思考や行動を取り戻すのを助けるために、なにができるか?

●仕事で経験とルーキー・スマートのバランスをとるのを難しくする要因はなにか?

●みずからがルーキー・スマートを失ったときより、同僚が失ったときのほうがすぐに気づくのはなぜか?

第8章

●チーム内のルーキーをもっと活用するには、どうすべきか?

●はじめての課題に取り組む人が成功するために、マネジャーやリーダーにはなにが求められるか?

●ルーキーとベテランを組み合わせて強力なチームを築くには、どうすればいいか?

●ルーキーとベテランの両方を生かせるチームは、どのような条件を満たしているか?

●全員がルーキー・ゾーンにとどまるために、組織はなにができるか？
●本書で挙げた人材マネジメントの手法のうち、あなたの組織で最もうまくいきそうなものはどれか？
●あなたの組織が携わっている事業のなかで、ルーキー・スマートの維持が不可欠なのはどれか？
●最初に踏み出すべきシンプルな一歩は、どのようなものだと思うか？

あなたやチームのメンバーに、ルーキー・スマートを再点火させる必要があるかをさらに詳しく知りたい方は、本書のウェブサイトに掲載した自己診断「あなたは学習ゾーンにいるか？」も役に立つだろう。それを踏まえて、どうすれば一人ひとりが「学習ゾーン」に入れるかを話し合おう。

また、ルーキー的な思考と行動をさらに掘り下げて確立したいなら、ワイズマン・グループ、もしくは各国のパートナー機関のファシリテーションにより「ルーキー・スマート体験」をおこなうことをお勧めする。詳しくは www.RookieSmarts.com や www.theWisemanGroup.com を参照してほしい（英語のみ）。

弊社刊行物の最新情報などは
以下で随時お知らせしています。

ツイッター
@umitotsuki
フェイスブック
www.facebook.com/umitotsuki
インスタグラム
@umitotsukisha

ルーキー・スマート

2017年4月27日　初版第1刷発行
2021年4月3日　第3刷発行

著者
リズ・ワイズマン

訳者
池村《いけむら》千秋《ちあき》

編集協力
藤井久美子

本文イラスト
長谷川朝子

装幀
Y&y

印刷
中央精版印刷株式会社

発行所
有限会社 海と月社
〒180-0003　東京都武蔵野市吉祥寺南町2-25-14-105
電話0422-26-9031　FAX0422-26-9032
http://www.umitotsuki.co.jp

定価はカバーに表示してあります。
乱丁本・落丁本はお取り替えいたします。

ISBN978-4-903212-59-3